HAMBURG
handmade

MATHIAS THURM

Altes Handwerk & neue Manufakturen

HAMBURG
handmade

JUNIUS

INHALT

Vorwort

Durch digitale Technik und virtuellen Handel sind in den letzten Jahren viele traditionelle Gebrauchsgegenstände aus unserem Alltag verschwunden. Eine globale Arbeitsteilung tut ein Übriges, um die Prozesse ihrer Entstehung unsichtbar zu machen, für ganze Industrien scheint schnelllebiger Konsum zur Geschäftsgrundlage geworden zu sein. Und doch zeichnet sich inzwischen eine Gegenbewegung ab. Immer mehr kleine Manufakturen entstehen, die den Wunsch der Kunden nach individuellen und hochwertigen Produkten in den Mittelpunkt stellen und damit erfolgreich Nischen besetzen. An ihr Handwerk gehen sie mit höchsten Ansprüchen heran, wählen die Rohstoffe für ihre Produkte sorgfältig aus und schaffen langlebige Gebrauchsgüter, die ihre persönliche Handschrift tragen, und Genussmittel nach alten Rezepturen.

Dieses Buch zeigt Hamburger Werkstattbetriebe, die die Tugenden traditioneller Handwerkskunst wiederentdeckt haben oder diese seit Generationen pflegen. Es porträtiert die Menschen, die hinter diesen Manufakturen stehen, gibt einen detailreichen Einblick in die Entstehung ihrer Produkte und beschreibt, warum sich die Eigentümer ganz bewusst für eine scheinbar unzeitgemäße Arbeitsform entschieden haben. Und natürlich werden die prächtigen Ergebnisse ihrer Arbeit gezeigt – Dinge von schlichter Schönheit und kompromissloser Qualität.

KEIL MASSSCHUHMACHEREI

← Für jeden Kunden werden individuelle Maßleisten gefertigt.

↓ Im gusseisernen Drehteller hält der Schuhmacher Kleinteile wie Messing- und Zwicknägel sowie Holztekse bereit.

In seiner Werkstatt in der Keplerstraße sitzt Thomas Keil hinter der großen Schaufensterscheibe wie auf dem Präsentierteller. Passanten bleiben neugierig stehen, um zu sehen, wie der Meister auf einem Schemel sitzend über einen halbfertigen Schuh gebeugt ist und mit Ale, Abdrückeisen und Brandsohlenhobel hantiert. Eine Szene wie vor hundert Jahren. Thomas Keil hat sich ganz der traditionellen Handwerkskunst der Maßschuhanfertigung verschrieben. „Jeder Schuh, den ich mache, ist ein Unikat", sagt Keil – angefertigt nach den individuellen Maßen und Wünschen seiner Kunden. Die Herstellung erfolgt in einer genau festgelegten Zeremonie in mehreren Akten.

Am Anfang steht das Gespräch mit dem Kunden. Welche besonderen Wünsche hat er? Wofür braucht er den Schuh? Welches Leder soll es sein und welches Modell? Oxford, Derby, Chelsea oder doch lieber Slipper? Beim anschließenden Maßnehmen ist präzises Arbeiten besonders wichtig.

Thomas Keil berücksichtigt selbst kleinste Abweichungen in Form und Größe zwischen linkem und rechtem Fuß, sodass die Schuhe eines Paares schon mal unterschiedlich ausfallen können.

„Die Brandsohle stellt das Rückgrat des Schuhs dar", sagt Thomas Keil. An ihr sind Schaft und Bodenleder fest vernäht. Beim Zwicken wird nun das Oberleder über den Leisten gespannt und mit Nägeln befestigt. „Der Vorgang erfordert Kraft und

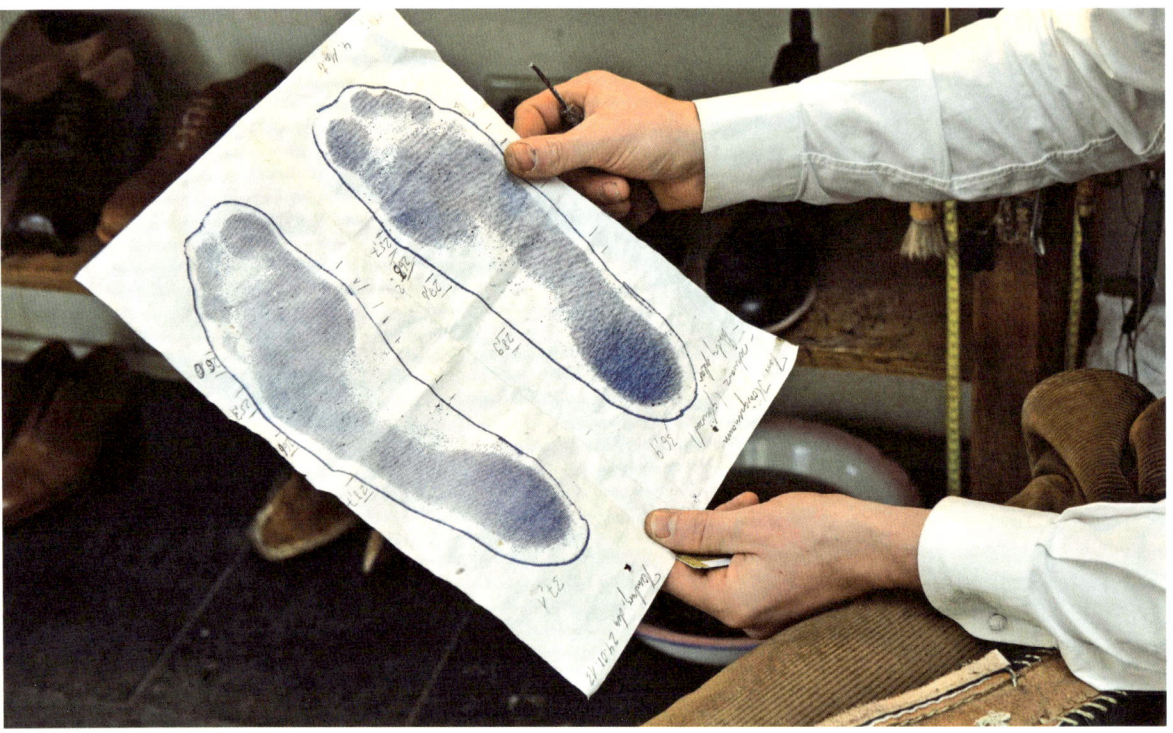

Geschicklichkeit, weil das Leder gedehnt werden muss", erklärt der Schuhmacher. Beim Rahmennähen werden Obermaterial und Brandsohle sodann fest miteinander verbunden. Nachdem die Laufsohle am Schuhboden befestigt worden ist, wird zum Schluss beim Ausputz das Bodenleder an den Außenkanten fein geschmirgelt, eingefärbt und mit heißem Wachs versiegelt.

Gute Arbeit braucht allerdings ihre Zeit. Bei der Erstbestellung muss sich der Kunde auf eine Wartezeit von fünf bis sechs Monaten einstellen. Ist der Leisten bereits vorhanden, geht es schneller. Aber die Zeit nehmen sich die Kunden von Thomas Keil gern, denn die Schuhe sollen ja auch ein halbes Leben halten.

↑
Die Trittspur mit Blaupausenabdruck dient als Vorlage zur Herstellung des Leisten.

→
Abdrückeisen, Aufrauher, Teksheber, Absatzkantenfeile und Randmesser gehören zur Grundausstattung der Schuhmacherei.

→

Das Oberleder wird aus einzelnen Schaftteilen vernäht.

↘

Der Rahmen dient als Verbindungsglied zwischen Brandsohle und Oberleder.

↓

Der fertige Schuh: das Modell Hamburg

SAKKO-MANUFAKTUR

Wenn Maike Schambach mit lautem Krachen das Weberschiffchen hin und her schießen lässt, entsteht ein Lärm wie in einer Fabrikhalle. Dabei wird ihr hundert Jahre alter Webstuhl nur von Hand und Fuß bedient. Trotzdem ist er ein Wunderwerk der Technik. Mit mehreren Pedalen bedient die Handwebmeisterin gleichzeitig ein Wirrwarr von Holzarmen und -hebeln, die nach einem für Laien undurchsichtigen Prinzip auf der Rückseite des Webstuhls miteinander verknotet sind. Mithilfe der Pedale hebt und senkt sie die Kettfäden, sodass sich das Weberschiffchen mit seinen Schussfäden jeweils einen anderen Weg durch die Kettfäden suchen muss. „Je nach Pedalstellung entstehen auf diese Weise unterschiedliche Muster im Stoff", erklärt die Meisterin. Seit neun Jahren betreibt Maike Schambach ihre Werkstatt in Bergedorf. Ihren Beruf hat sie noch zu DDR-Zeiten in Rostock gelernt, wo sie zunächst für eine PGH (Produktionsgenossenschaft Handel) Kissen herstellte und sich dann selbständig machte. Nach der Maueröffnung

↑
Der Handwebstuhl ist über einhundert Jahre alt.

↓
Auf Wunsch spinnt Maike Schambach auch die Fäden, die sie verarbeitet.

Nichts geht ohne das Weberschiffchen.

Maike Schambach knüpft auch Wandteppiche.

Das Muster eines Stoffes entsteht durch die pedal-gesteuerte Anordnung der Kett- und Schussfäden.

nutzte sie die Gelegenheit, in den Westen zu gehen und ihrer Kreativität freien Lauf zu lassen.

„In meiner Werkstatt entstehen individuelle und außergewöhnliche Stoffe. Neben Cashmere, Seide und Wolle verwebe ich auch Leder, Felle, Federn und Perlen", erklärt die Handwebmeisterin. Flächiges Material wie Leder wird zuvor in schmale Streifen geschnitten. „Solche Stoffe könnten industriell gar nicht hergestellt werden. Jeder Stoff, den ich webe, ist deshalb ein unverwechselbares Unikat." Bei ganz besonderen Kundenwünschen setzt sich Maike Schambach sogar an das Spinnrad, um auch die Fäden für ihren Stoff selbst herzustellen.

Mit dem handgewebten Stoff ist es natürlich noch nicht getan. Daraus sollen nicht nur Sakkos, Blazer, Kleider und Röcke entstehen, sondern auch Tücher, Taschen und Gürtel. Dabei kooperiert Maike Schambach mit einer Schneidermeisterin, die von Anfang an in den Entstehungsprozess mit einbezogen wird. Individueller geht es kaum. Und wer möchte, kann gern dabei zusehen, wie der Stoff für sein Kleidungsstück entsteht, Zentimeter für Zentimeter, Schussfaden um Schussfaden.

STEFAN FINK – SCHREIBGERÄTE

Stefan Fink lässt seine Hand über die Maserung eines massiven schwarzen Holzklotzes gleiten. „Dreitausendfünfhundert Jahre alte Mooreiche", sagt er mit leuchtenden Augen. Kaum vorstellbar, dass aus solchen groben Blöcken feinste Schreibgeräte entstehen.

Die Füllfederhalter-Modelle von Stefan Fink heißen Albatros, Nachtigall, Star und Milan. Ob sanft geschwungen, klassisch elegant oder streng und geradlinig – alle haben eines gemeinsam: die ausgewogene, auf das Wesentliche reduzierte Formgebung. „Jedes Modell ist zugleich Schreibgerät, Schmuckstück und Designobjekt – mit seidenglatten, handschmeichelnden Oberflächen aus edlen Hölzern", erläutert der studierte Industriedesigner und gelernte Drechsler. Die Federn aus Gold werden speziell für ihn gefertigt.

Die aus fernen Ländern kommenden Hölzer tragen so exotische Namen wie Amaranth, Bubinga oder Grenadill, ein aus Afrika stammendes Holz, das auch für die Herstellung feiner Holzblasinstrumente benutzt wird. Die Namen der verwendeten

Hölzer heimischer Herkunft klingen nicht weniger geheimnisvoll: Goldregen, Perückenstrauch und Mooreiche. Sie alle zeichnen sich dadurch aus, dass sie dicht und feinporig, nicht zu weich und vor allem trocken sind. Auch beim Holzton und dem Holzbild geht Fink keine Kompromisse ein. Häufig ist es eine Nuance, eine Linie in der Maserung, die über die Verwendung des Holzes entscheidet. Jedes seiner Hölzer hat eine Geschichte zu erzählen.

Bis zu sieben Jahre lagern Finks Hölzer vor der Verarbeitung in seiner Werkstatt, wo sie wie guter Wein regelmäßig gewendet werden. Selbstverständlich legt er Wert auf die ökologische Unbedenklichkeit des verwendeten Holzes und eine legale Herkunft. Für seine Arbeit wurde Stefan Fink mehrfach ausgezeichnet, und er ist in den Sammlungen bedeutender Museen vertreten. Seinen Füllfederhalter Albatros beispielsweise kann man in der Neuen Sammlung der Pinakothek in München bewundern und die Skizzierstifte Storch und Star im Museum für angewandte Kunst in Frankfurt.

← Ein Holzrohling aus
Grenadill wird an der
Drehbank zu einem
runden Schreibgerät
gedrechselt.

→ Ein Albatros aus
Elbmooreiche erhält
an der Polierscheibe
den letzten Schliff.

Die Goldfeder wird
mit der Hand einge-
schrieben.

SENF PAULI

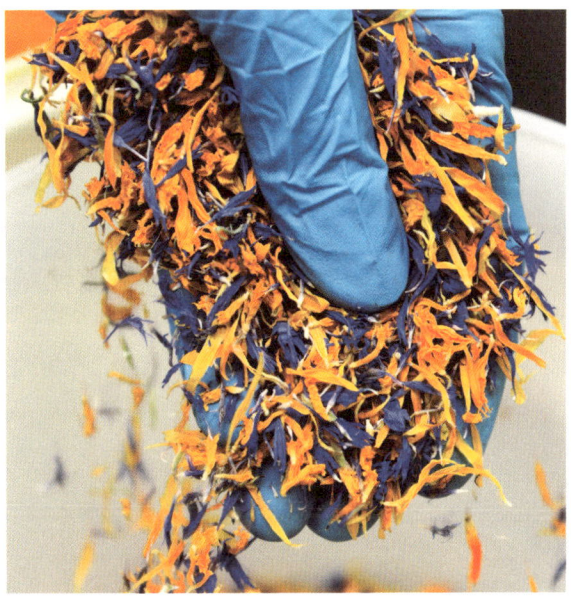

Getreu dem Motto „Senf ist mehr als der Farbklecks auf der Wurstpappe" produziert Eva Osterholz seit 2008 exklusive Senfsorten in Handarbeit. Der Name Senf Pauli deutet nicht nur auf den regionalen Ursprung hin. Er ist auch zu verstehen als P.a.u.l.i. – eine Abkürzung für: Produkte aus umweltbewusstem lokalem Idealismus.

Die Rezepte sind so unkonventionell wie die Namen. „Nicht weit vom Stamm": Dieser Senf ist ein naheliegendes Produkt, denn die darin verarbeiteten Zutaten Äpfel und Honig stammen aus der Region rund um die Manufaktur. „Josephine Baker in Bollywood" ist ein mittelscharfer fruchtig-süßlicher Senf mit frischen pürierten Bananen und indischem Curry. „Mord im Orient" heißt ein chutneyartiger Senf mit pürierten Feigen und Rosinen, Ingwer und Zimt. „Mutprobe" besteht aus reiner brauner Senfsaat mit Habanero-Chili. „Den haben wir für Menschen entwickelt, die Essen als Herausforderung ansehen. Deutliche Nasenschärfe vereinigt sich hier mit ehrlicher Chilischärfe. Er

↑
Weiße Senfsaat aus norddeutschem Bioland-Anbau

↓
Handgezupfte Blüten aus Mecklenburg-Vorpommern verfeinern den Honigsenf „Bienen un Blomen".

Sorgt für Nasenschärfe: schwarze
Senfsaat aus Norddeutschland

In der Steinmühle werden die
Senfsaaten kalt vermahlen.

Nach der Reifephase kommt der
Senf in die Abfüllmaschine.

Abfüllen und Etikettieren sind Handarbeit.

ist besonders beliebt bei Männern",
beschreibt Eva Osterholz ihre schärfste
Kreation.

Die Schärfe bestimmen wir durch das
Mischungsverhältnis der verschiedenen
Senfsaaten. „Die weißen Senfkörner mit dem
Glykosid Sinalbin sind milder, die braunen
und schwarzen mit dem Glykosid Sinigrin
sind deutlich schärfer." Die Senfkörner werden gemahlen, mit Apfel- oder Weißweines-
sig oder Fruchtsäften sowie mit Wasser, Salz
und Zucker vermischt und über Nacht zum
Fermentieren stehen gelassen. Je nach Sorte
wird der Senf dann mit den übrigen Zutaten
vermischt. „Wir wählen unsere Lieferanten
sorgfältig aus und verfolgen immer das Ziel,
möglichst viele Zutaten aus der Region zu
beziehen. Auf künstliche Zusätze wie Salz
mit Rieselhilfe, geschwefelte Trockenfrüchte,
Konservierungs-, Aroma- und Farbstoffe
verzichten wir aus Überzeugung. Unsere
Zutaten kommen vorwiegend aus kontrolliert
biologischem Anbau", so die Quereinsteigerin,
die zuvor als Soziologin in der Weiterbildung
tätig war. Nach der Fertigung reift der Senf
je nach Sorte vier bis sechs Wochen, damit er
seinen vollen Geschmack entfaltet. Dann wird
er von Hand abgefüllt und etikettiert.

RETROCYCLE

Thomas Czypionka ist passionierter Radfahrer. Wenn er zusammenrechnet, kommt er auf eine satte sechsstellige Kilometerzahl, die er auf Reisen sowie als Renn- und Kurierfahrer mit seinen Zweirädern zurückgelegt hat. Da lag es für den Zweiradmechaniker und Verkäufer eines Outdoor-Ausrüsters nahe, irgendwann Räder nach seinen ganz persönlichen Vorstellungen zu bauen: höchste Qualität gepaart mit Nachhaltigkeit und klassischem Design.

Die Qualität beginnt für ihn mit dem gewählten Material. „Wir setzen auf Stahl. Im Vergleich zu anderen Materialien wie beispielsweise Aluminium ist er robuster, langlebiger und zugleich komfortabler für den Fahrer." Die konfigurierten Rahmen kommen von einer kleinen Manufaktur im westfälischen Spenge und werden nach Kundenwunsch umweltfreundlich pulverbeschichtet. „Die Sonderwünsche und Maßanfertigungen werden von uns in Hamburg-Fuhlsbüttel gelötet. Wann immer es möglich ist, statten wir unsere Räder mit Teilen und Komponenten aus deutscher oder europäischer Produktion aus."

Besondere Sorgfalt erfordert der Aufbau des Laufrades mit seinen 32 Speichen. Mit einem mechanischen Messgerät kann Czypionka die eingespeichte Felge bis auf einen Zehntelmillimeter genau auswuchten. Handgebaute Laufräder von Retrocycle erkennt man im Übrigen an dem goldenen Speichennippel neben dem Ventil.

Thomas Czypionka hat zur Zeit zwei Modelle im Programm, die nach Kundenwunsch fast beliebig modifiziert werden können. Das „Randoneer" als klassisches Sport- und Tourenrad geht bereits in die zweite Serie. Für den Spaß abseits der Straße im Wald oder Gelände ist das nur 9,5 Kilo schwere Modell „Queer" die richtige Wahl. Unter der Bezeichnung „Ultra" werden, ob Touren-, Renn- oder Alltagsrad, absolute Einzelstücke nach eingehender Beratung von Hand gefertigt. Ungefähr acht Stunden braucht Thomas Czypionka für den Zusammenbau eines Rades vom nackten Rahmen bis zum letzten Nippel. Im Museum der Arbeit hat der Mechaniker dies schon öfter einem staunenden Publikum demonstriert.

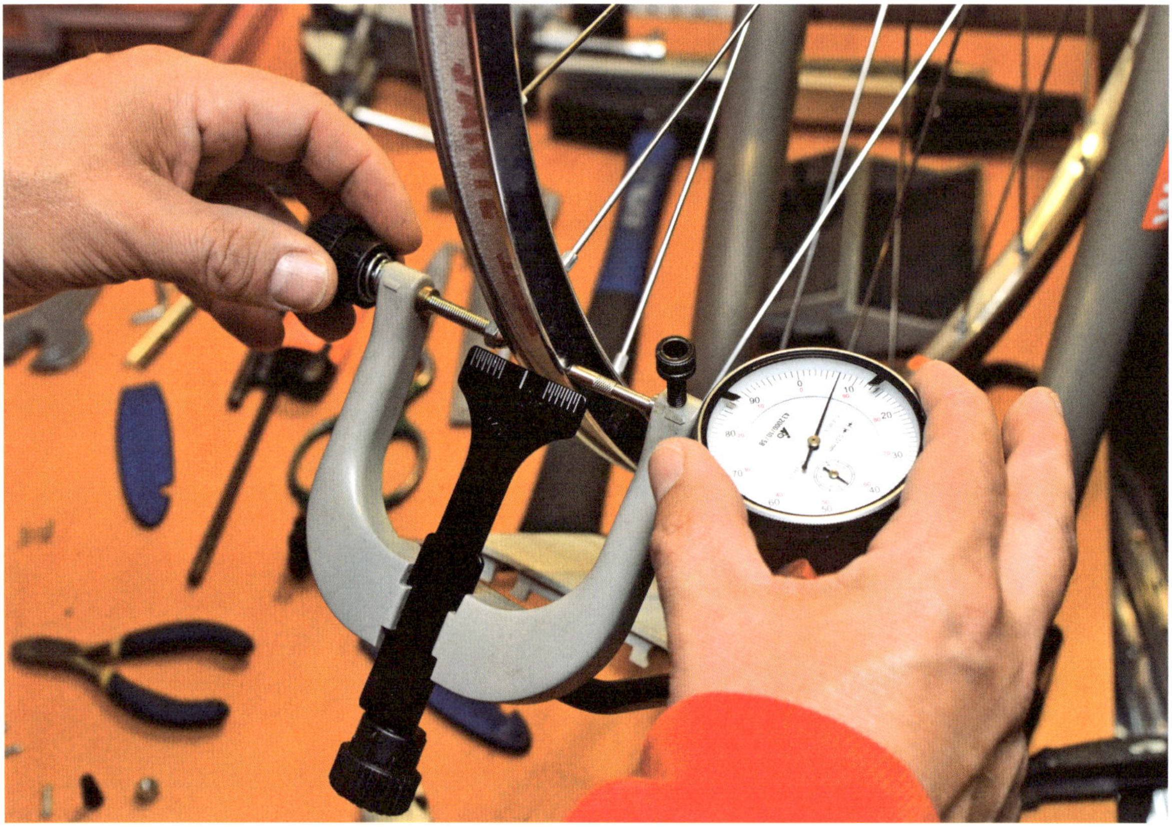

←

Mit der Messuhr kann Thomas Czypionka die Felge auf einen Zehntelmillimeter genau auswuchten.

Die Montage des Steuersatzes und das Einspeichen erfordern viel Fingerspitzengefühl.

→

Fahrräder made in Hamburg

↓

Ein klassisches Retrocycle: das „Randoneer"

ROTKÄPPCHEN

Es zischt und dampft, wenn Ulla Anna Machalett mit dem Bügeleisen den Filzrohling traktiert. Aus der Nebelwolke schälen sich die Umrisse eines weinroten Players, einer Hutform mit kleinem Rand, die derzeit sehr angesagt ist, heraus. Der Filzrohling steckt auf einem Holzkopf aus Lindenholz. Auf seiner Oberfläche zeichnen sich die Konturen des Players ab. Für jedes Hutmodell hat Ulla Anna Machalett eine eigene Holzform im Regal aufgereiht. Egal ob für Bowler, Panama, Trilby, Pillbox oder Wagenrad, für kleine und für große Köpfe, für Damen oder Herren. Einige klassische Formen kauft sie fertig, andere lässt sie nach ihren Entwürfen anfertigen. Die besonders häufig verwendeten erkennt man daran, dass sie mit Nadeleinstichen übersät sind. Denn um die mit dem Dampfbügeleisen in den Filz gedrückte Form zu fixieren, befestigt die gelernte Modistenmeisterin mit Stecknadeln Kordeln so lange in den Vertiefungen, bis die Hutform getrocknet ist. Mit geübten Bewegungen und heißem Wasserdampf wird nun die Krempe in Form gebracht, außen das sogenannte Ripsband angebracht und innen das Schweißband eingenäht.

Bei Männern ist neben den Playern derzeit vor allem der Humphrey-Bogart-Hut mit gerader Krempe in Mode. „Bei

↑
Ripsbänder in vielen Breiten und Farben

← →
Jeder Handgriff sitzt, wenn Ulla Anna Machalett mit Bügeleisen, Nadeln, Kordeln und Bürste den Filzrohling bearbeitet, den sie über eine Form aus Lindenholz gezogen hat.

Frauen kann man das nicht so genau sagen. Hier wechseln die Moden schneller und sind die Formen vielfältiger", erklärt die Hutmacherin. Vor allem bei jungen Leuten seien Hüte heute sehr gefragt. Die meisten ihrer Kunden sind zwischen 25 und 55 Jahre alt. Darunter seien inzwischen ebenso viele Männer wie Frauen. Machalett selbst trägt am liebsten den kleinen Player-Herrenhut.

Es war die Berufsschule, die die gebürtige Thüringerin nach Norddeutschland verschlagen hat. Dort ist sie dann nach der Ausbildung hängen geblieben. Seit 2008 betreibt Machalett ihre kleine Werkstatt mit angeschlossenem Laden im angesagten Karoviertel. Wer nicht genau weiß, für welche Kopfbedeckung er oder sie sich entscheiden soll, kann sich hier wunderbar inspirieren lassen.

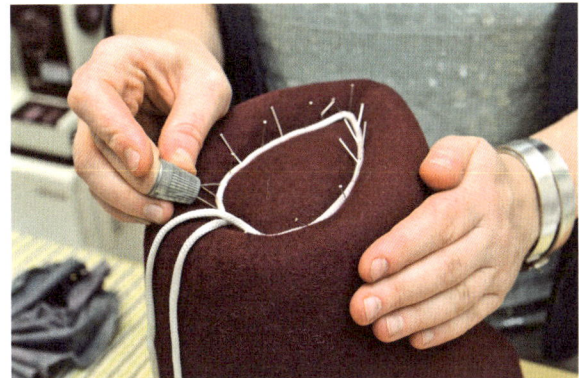

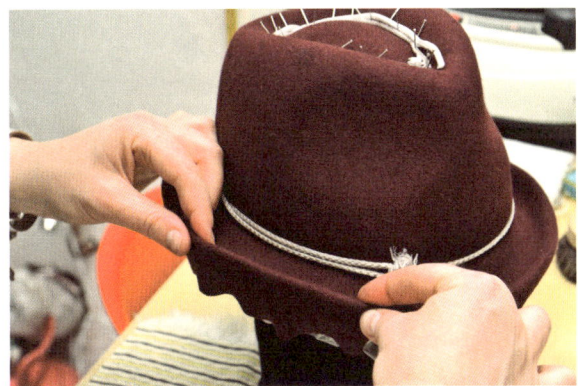

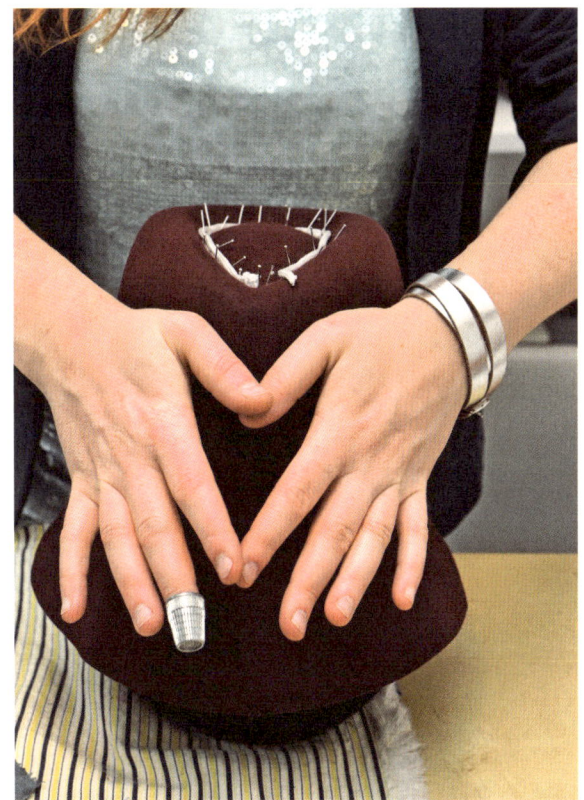

BONSCHELADEN

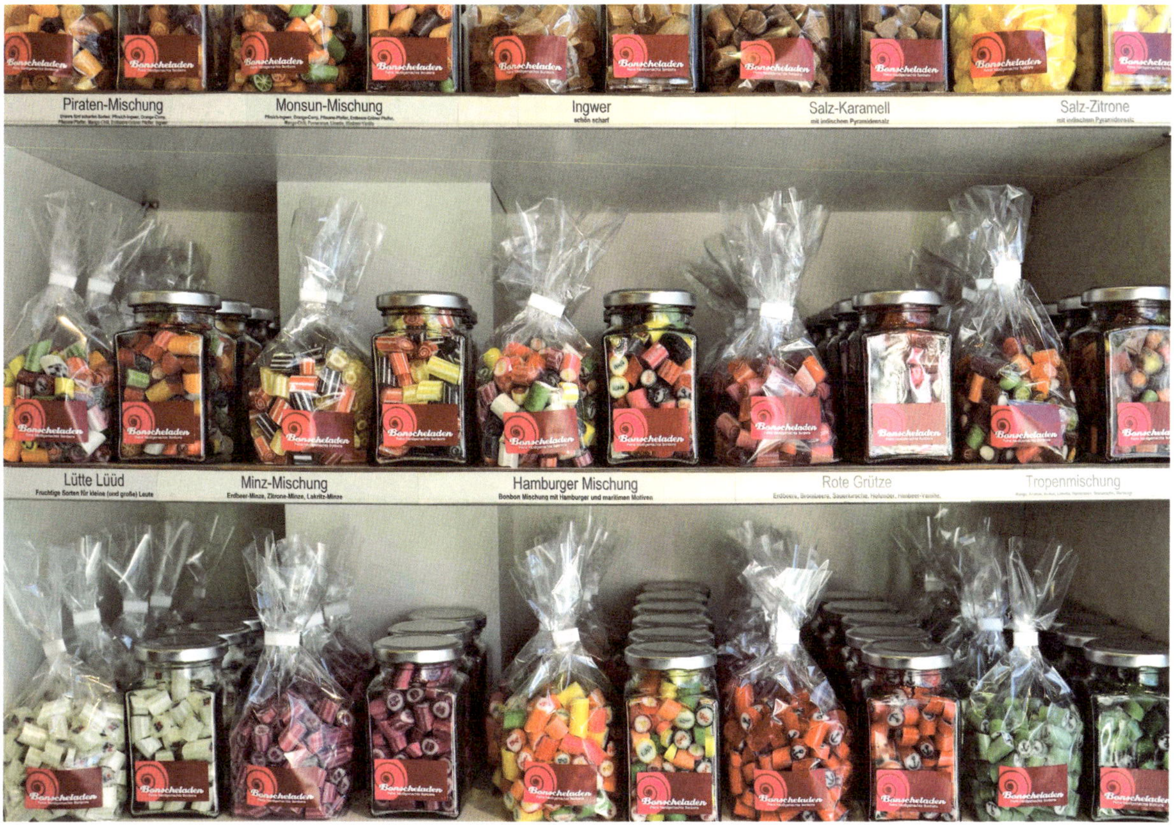
Piraten-Mischung
Monsun-Mischung
Ingwer
Salz-Karamell
Salz-Zitrone
Lütte Lüüd
Minz-Mischung
Hamburger Mischung
Rote Grütze
Tropenmischung
Bonscheladen

Wie ein zähflüssiger Lavastrom ergießt sich der heiße Zuckerbrei auf das große Blech. Mit einem langen Spatel rührt Uwe Sponnagel Farb- und Aromamischungen unter. Daneben steht Andrea Bock und knetet die langsam abkühlende Masse, bis diese die richtige Konsistenz aufweist. Mehrere weiche Zuckerklumpen unterschiedlicher Farbe und Größe werden nach einem genauen Plan angeordnet und zu einer dicken Wurst geformt, die zu einem immer dünner auslaufenden Strang ausgerollt wird. Und siehe da: Die Bonsche, die am Ende einzeln abgeschlagen werden, zeigen in ihrem Querschnitt sehr fein ausgeprägte Motive wie Smileys, Herzchen oder ganze Worte wie AHOI.

In Gläsern und Tüten stehen im Regal über achtzig verschiedene Bonschesorten. Darunter so ausgefallene Geschmacksrichtungen wie Lakritz mit Chili, Pflaume mit Pfeffer, Pomeranze oder Quitte sowie weiche Sahne- und Salzkaramellen. Natürlich dürfen auch Hafenbonsche mit kunstvoll geformtem Ankermotiv und braun-weiß gestreifte Paulibonsche nicht fehlen. „Wir experimentieren ständig und entwickeln

Bonscheladen
Feine handgemachte Bonbons

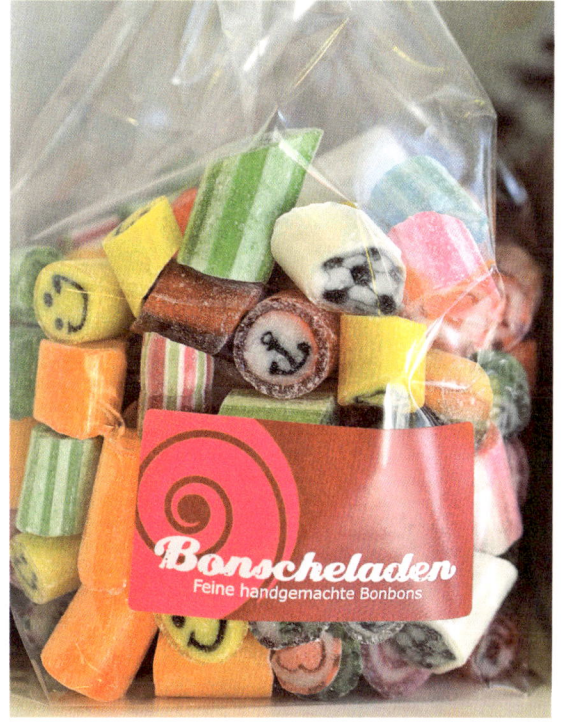

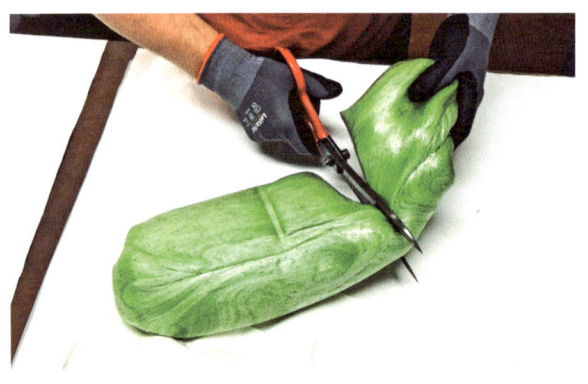

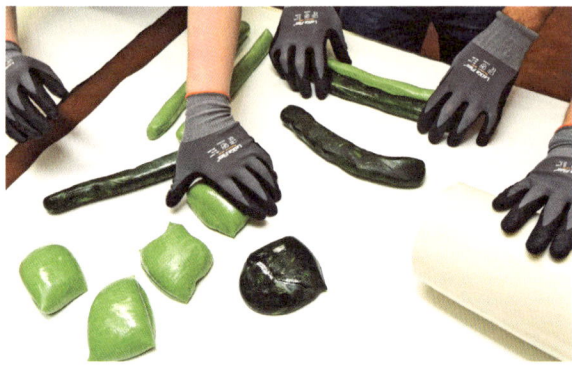

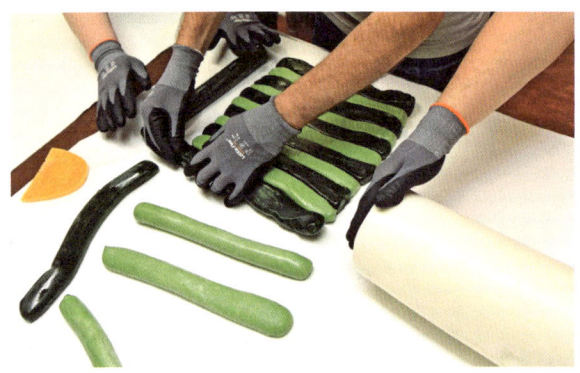

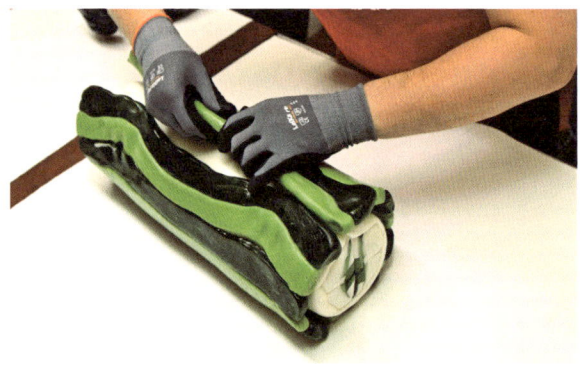

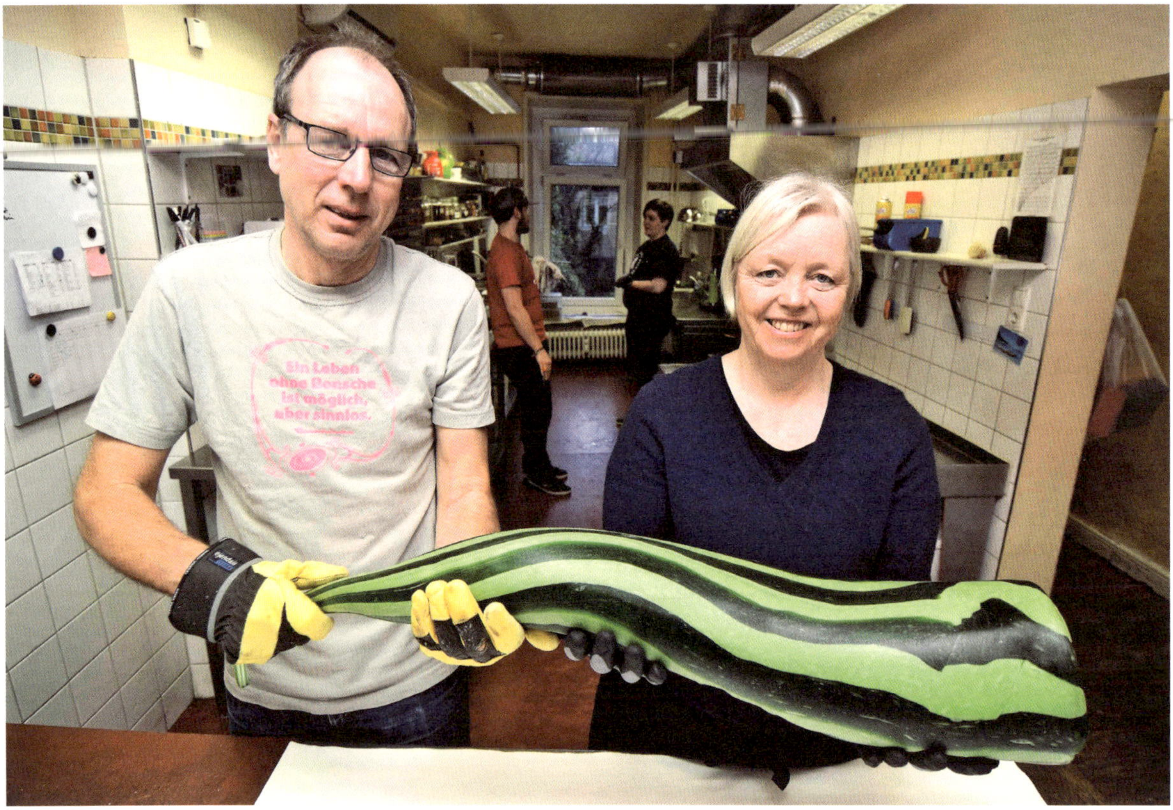
Ein Leben
ohne Bonsche
ist möglich,
aber sinnlos.

immer wieder neue Sorten", sagt Andrea Bock. Die Ideen dazu finden sie und Sponnagel eigentlich überall im Alltag, wo ihnen Essbares begegnet. Inspirieren lassen sie sich von Marmeladenrezepten, Chutneys, Speisekarten und auf Wochenmärkten sowie der eigenen Kreativität und den Ideen ihrer Mitarbeiter.

Auf die Bonsche gekommen sind die beiden gelernten Sozialpädagogen im Dänemark-Urlaub, wo sie von den vielen bunten Süßigkeiten fasziniert waren. Von Anfang an wollten sie etwas Besonderes tun, als sie sich 2005 entschlossen, ihre ursprünglichen Berufe aufzugeben und den Schritt zu wagen, sich mit dem Bonscheladen selbständig zu machen: Süßes ohne synthetische Farben und Aromen, Zucker und Glukosesirup in Bioqualität und eigene Rezepte, die sich vom Üblichen deutlich abheben. „Am Anfang haben wir viel rumprobiert, bis die ersten genießbaren Mischungen dabei herauskamen", erinnert sich Uwe Sponnagel. Längst hat der Bonscheladen nicht nur bei Süßschnäbeln in Ottensen viele Freunde.

← Bonschemachen ist nicht zuletzt künstlerische Handarbeit.

↑ Bei der Herstellung werden nur natürliche Aromen verwendet.

FLIESENMANUFAKTUR C. VAN HEES

Claudia van Hees prüft mit kritischem Blick die Glasur und ist zufrieden. Das hellblaue Blumenmuster hebt sich zart vom weißen Hintergrund ab. „Wir stellen hier wie vor zweihundert Jahren holländische Fliesen her, die fälschlicherweise oft auch Delfter Fliesen genannt werden", sagt die gelernte Keramikerin.

Nicht nur die Dekore, die in der Manufaktur in Seestermühe vor den Toren Hamburgs entstehen, orientieren sich an den historischen Vorbildern, auch die Arbeitstechnik ist dieselbe wie vor zweihundert Jahren. Zunächst wird die Tonmasse zu einer Fliesengrundform ausgerollt und zwölf Stunden vorgetrocknet. Die „lederharte", noch biegsame Grundform wird dann mit einer Holzschablone auf das Endmaß zugeschnitten. Damit die Holzschablone beim Schneiden nicht wegrutscht, hat sie auf einer Seite zwei kleine Nägelchen in den Ecken, die sich in die noch weiche Tonplatte drücken. „Die zwei kleinen Löcher, die dabei entstehen, die so genannten Gaatjes, sind ein Zeichen dafür, dass die Fliesen von Hand geschnitten sind", erklärt Claudia van Hees.

Die zugeschnittenen Platten werden gestapelt und drei bis vier Wochen zum Trocknen aufgestellt. Nach dem ersten Brand im Ofen, dem sogenannten Sprühbrand, ist der Scherben hart, nimmt aber noch Wasser auf, sodass die Glasur aufgetragen werden und einziehen kann. Wenn der Überzug angetrocknet ist, beginnt die Arbeit von Glasurmalerin Zita Stari. Mit feinen Pinseln und ruhiger Hand trägt sie die Dekore auf. Erst nach dem folgenden zweiten Brand, dem Glattbrand, erhält die Fliese ihre typische glänzende Oberfläche. „Bei dieser Fayence genannten Technik sinkt die Malfarbe beim Brand in die erweichte Glasur ein", erklärt die Expertin. Abschließend werden die 13 mal 13 Zentimeter großen Fliesen patiniert, wodurch die Haarrisse, die sich nach ein paar Wochen Lagerung gebildet haben, sichtbar werden. Als kleine Kunstwerke schmücken sie nicht nur stilvoll renovierte Altbauten, sondern auch zahlreiche Hotels und Restaurants.

↑ Die „lederharten" Fliesen werden von Hand zugeschnitten und nach dem ersten Brand glasiert.

↓ Mit der Schablone werden die Muster vorge-zeichnet ...

→ ... und dann mit feinen Pinselstrichen ausgemalt.

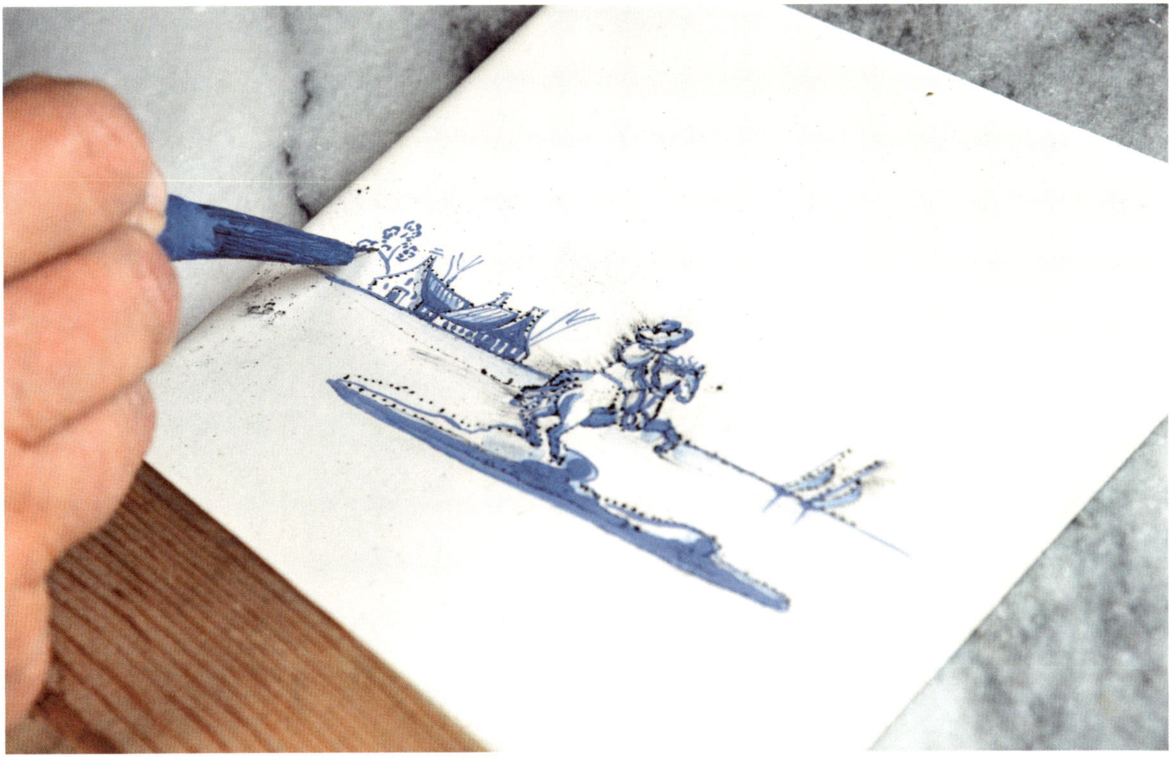

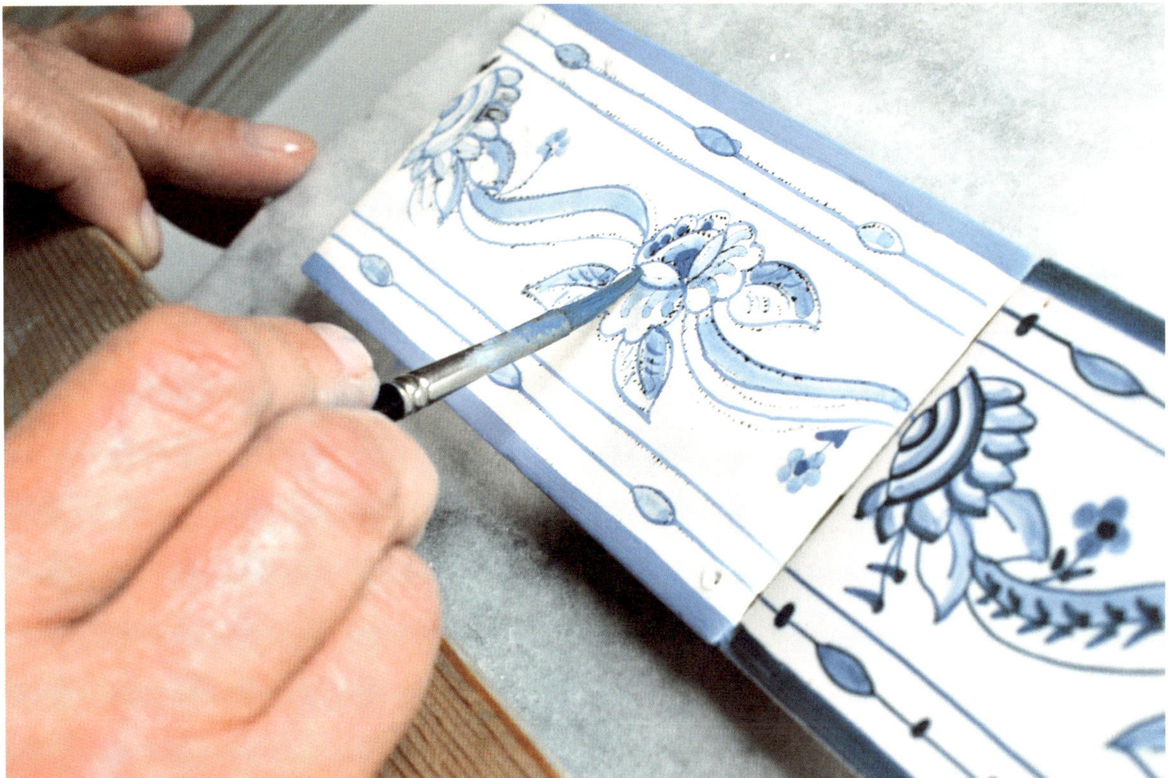

ELBGOLD RÖSTKAFFEE

Robin Röhn greift sich in immer kürzeren Abständen den Probenzieher und schaut jedes Mal auf die Bohnen. Selbstverständlich weiß er, dass sie etwa 18 Minuten bei gut 200 Grad Celsius in der Trommel geröstet werden müssen. Über den genauen Zeitpunkt, die Röstung zu beenden und die Klappe zu öffnen, entscheidet jedoch sein Kennerblick. Laut prasselnd ergießen sich die braunen Bohnen in das runde Auffangbecken, wo sie von einem Drehschieber langsam bewegt und abgekühlt werden. Zweimal in der Woche wird bei Elbgold in den Schanzenhöfen Kaffee frisch geröstet.

Sie seien schon immer große Kaffeefans gewesen, sagen Annika Taschinski und Thomas Kliefoth. 2004 haben der Architekt und die PR-Beraterin nach reiflicher Überlegung dann endlich ihre Leidenschaft zum Beruf und sich mit Elbgold selbständig gemacht. Herzstück in ihrer nach frischem Kaffee duftenden Produkti-

onshalle ist der große Probat GG 45 Trommelröster aus dem Jahr 1937. „In dem mit Gas erhitzten Gussbehälter werden die Bohnen besonders schonend geröstet", erklärt Thomas Kliefoth die Wahl des guten alten Stücks. „Wir verarbeiten darin nur feinste Arabicas aus den besten Anbaugebieten

der Welt. Es gibt sie sortenrein, als Blend, Espresso oder Rarität und auch koffeinfrei", ergänzt Anni- ka Taschinski. So auch den Cup of Excellence aus Kolumbien. „Vanille, Vollmilchschokolade, Jasmin, dunkle Beeren, voll, nussig, rund, weich", schwärmt Thomas Kliefoth, als er hörbar und verzückt an einer Tasse schlürft. „Sortenreine Kaffees sind vergleichbar mit erstklassigen Weinen."

Seit Jahren engagieren sich die beiden Kaffeelieb- haber in dem Entwicklungs- hilfeprojekt „Cup of Excel- lence". Bei dieser Aktion werden jedes Jahr von einer fachkundigen Jury die besten Kaffees weltweit ermittelt und meistbietend versteigert. „85 Prozent des Erlöses bekommen die Kaf- feebauern", sagt Taschinski. „Wir suchen weltweit nach den besten Bohnen, achten auf nachhaltigen Anbau und pflegen den fairen Direkt- handel mit Kaffeebauern und Kooperativen."

← Im Mittelpunkt der Anlage: der Trommelröster Probat GG 45 aus dem Jahr 1937.

↙ Mit dem Probenzieher wird die Röstung permanent überwacht.

→ Nach etwa 18 Minuten bei 200 Grad Celsius öffnet sich die Klappe des Rösters. Der fertige Kaffee kann auskühlen.

↓ Eine große Auswahl sortenreiner und fair gehandelter Kaffees

CHRISTINE GENESIS – ARMBANDUHREN

Mit der großen Lupe, die auf ihrer Brille steckt, hat sich Christine Genesis bis auf wenige Zentimeter der Arbeitsfläche genähert. In der einen Hand hält sie eine feine Pinzette, in der anderen eine winzige Metallspirale. „Die Spirale der Unruh ist drei- bis viermal dünner als ein Haar und wiegt etwa 0,002 Gramm", erklärt die Uhrmachermeisterin. Sie richtet sie mit ihrer Pinzette so, dass sie „flach läuft" und alle Umgänge der Spirale den gleichen Abstand haben. Präzision ist der zentrale Begriff bei der Arbeit von Christine Genesis. Sie ist eine der wenigen Uhrmachermeisterinnen, die nach eigenen Entwürfen mechanische Uhren von Hand herstellen. In ihrem großzügigen Loft im ehemaligen Palminwerk in Wilhelmsburg fertigt sie derzeit zehn verschiedene Damen- und Herrenarmbanduhr-Modelle.

Als Basis verwendet sie hochwertige mechanische Schweizer Uhrwerke, die sie modifiziert und mit Zusatzfunktionen wie Großdatum, Gangreserveanzeige oder Tagesanzeiger versieht. Christine Genesis finissiert Platinen und Brücken des Uhrwerks mit Perlschliffen, den Rotor der Automatik mit Genfer Streifenschliffen. Die Gehäuse werden nach eigenen Entwürfen aus einer speziellen Edelstahllegierung mit CNC-gesteuerten Fertigungsmaschinen gefräst. Die Oberflächen werden je nach Kundenwunsch individuell bearbeitet, hochglanzpoliert, satiniert oder mit feinen Glasperlen matt gestrahlt. Alles muss im Einklang stehen: Entwurf und Fertigung, Zusammenbau und Feinabstimmung aller Teile. Das selbst entworfene Zifferblatt und das Aufsetzen der Zeiger geben der Uhr ein Gesicht, das Einsetzen der Unruh erweckt sie zum Leben. Wie zur Bestätigung hört man das feine, gleichmäßige Ticken der neuen Uhr.

Inspirieren lässt sich Christine Genesis von klassischer Musik und Klavierspiel. Zur Entspannung setzt sie sich gern an den großen Flügel in ihrem Loft. „Eine Uhr ist schließlich auch eine Komposition verschiedener Teile – erst das harmonische Zusammenspiel aller Komponenten macht aus ihr ein vollendetes Ganzes. Alles zielt darauf, dass Schönheit und Präzision zu einer Einheit werden."

Beim Einwinden der Zugfeder in das Federhaus, dem Ölen der Sekundar-welle und der Montage ist äußerste Präzision erforderlich.

↑ *Ein mechanisches Uhrwerk –
handskelettiert und graviert*

↓ *Der Genesis Chronograph mit Konstruk-
tionszeichnung des Zifferblattes*

MAIK DECHOW – STUKKATEUR

Die Werkstatt von Maik Dechow ist so groß wie eine kleine Turnhalle. Trotzdem sind Boden, Wände und Decken bis in den letzten Winkel vollgestellt und -gehängt. Wohin man auch blickt: alte und neue Stuckelemente, rund, oval, eckig und als Endlosstück. Deckenrosetten, Metallschablonen, Mustersäulenkapitelle, dazwischen Löwen, Pferde und Putten aus Gips. Und mittendrin Maik Dechow, der mit einem Messer behutsam Farbreste rund um ein abgebröckeltes Blumenornament entfernt.

„Wenn wir den Auftrag kriegen, eine Stuckdecke zu erneuern, bauen wir normalerweise den Teil ab, der am besten erhalten ist, reinigen ihn und rekonstruieren ihn sorgfältig", erklärt der Stukkateurmeister seine Arbeit. Von einem solchen meist rund einen Meter langen Stück macht Dechow einen Silikonabdruck. Diese weiche Form wird in einer groben Gipsform, der „Kappe", so eingebettet, dass sie nicht verrutschen oder sich bewegen kann. Beim nächsten Arbeitsschritt darf Dechow nicht trödeln. Der Gips, den er in einem Eimer angerührt hat, wird binnen weniger Minuten hart. Er gießt die weiße Masse

in die hellgrüne Form und verteilt sie mit seinen Gummihandschuhen gründlich, damit sich keine Luftblasen bilden. Kurz bevor die Masse abbindet, ritzt er seine Initialen auf die Rückseite des neuen Stuckelements. „Das ist bei Stukkateuren so üblich, auch wenn das wahrscheinlich nie wieder jemand zu Gesicht bekommen wird", erklärt er den alten Brauch. Mit der Silikonform können nun so viele Abgüsse gemacht werden, wie man benötigt, um sie anschließend an der Decke anzubringen.

„Egal ob Barock, Jugendstil, Klassizismus oder Bauhaus – unser Ziel ist es, im denkmalpflegerischen Sinne Traditionen zu wahren und Werte am Bau zu erhalten. Dabei orientieren wir uns an alten handwerklichen Techniken", sagt Dechow. Aber auch bei Neubauten wird seine Handwerkskunst immer öfter nachgefragt sowie im Außenbereich für Säulen und Fenstersimse. Dort arbeitet Dechow natürlich nicht mit Gips, sondern mit Beton.

Wenn der Gips angerührt ist, muss sich Maik Dechow beeilen, denn das Material wird schnell hart.

↑
*Nach etwa zwanzig Minuten kann
das fertige Stuckteil aus der weichen
Silikonform gelöst werden.*

↓
*Welches Säulen-
kapitell darf es sein?*

LACO KRAWATTEN

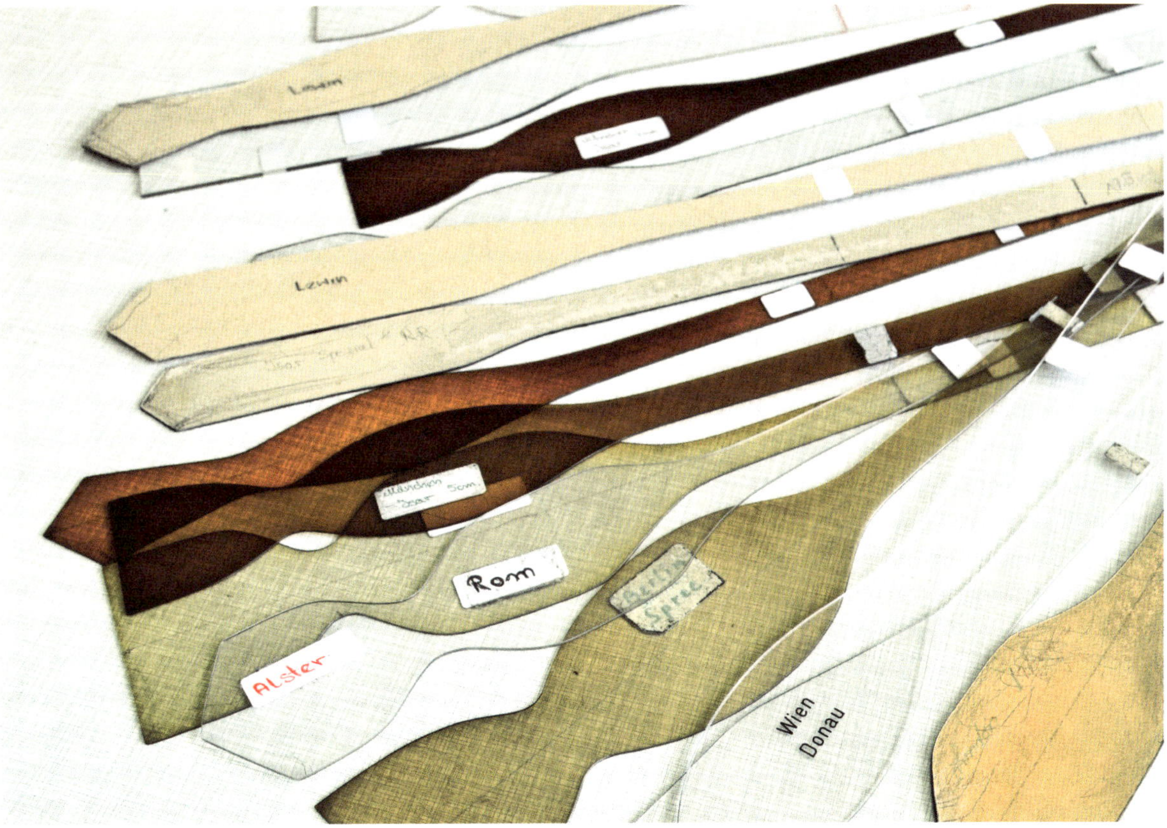

Franz Josef Strauß hat sie getragen, Ex-Mister Tagesthemen Ulrich Wickert besitzt welche, Generationen von Tagesschausprechern zeigten sie im Fernsehen, und Altkanzler Kohl hat sie in Überlänge bestellt: Krawatten von Laco sind aber nicht nur bei Promis beliebt. Die Manufaktur an der Stahltwiete in Bahrenfeld ist einer der letzten deutschen Hersteller von Krawatten, Schals und Schleifen. Produziert wird ausschließlich von Hand – und das seit 1838. „Bis heute halten wir die Philosophie des Firmengründers Charles Lavy – ‚Nur höchste Wertmaßstäbe überdauern Zeiten und Moden' – in Ehren und produzieren in Hamburg nur aus den allerbesten Seidenstoffen", erklärt Firmenchefin Jessica Bartling. Sie hat das Unternehmen 2007 von ihrem Vater Rüdiger Thumann übernommen.

Mariola Literska legt die Schablone an, achtet genau auf den Verlauf des Musters und zeichnet die Form auf die Seide. Am benachbarten Arbeitsplatz werden jeweils drei ausgeschnittene Stoffbahnen zu einer Krawatte zusammengenäht. Nun

↑ ↓
Fliegen, beziehungsweise Schleifen, sind nach wie vor unverzichtbares Accessoire der feinen Herrengarderobe. Die Manufaktur fertigt sie nach einer Vielzahl verschiedener Muster.

kommt das Wichtigste – „die Seele der Krawatte", wie Bartling es nennt: die sprungelastische Wolleinlage. „Dadurch glättet sich die Krawatte nach dem Lösen von selbst, und der Stoff atmet, sodass man beim Tragen nicht so leicht ins Schwitzen kommt", erklärt sie ein weiteres Detail, das den Unterschied macht. Nach dem Einnähen des Firmenetiketts wird zum Schluss jede Krawatte gebügelt. Wobei bügeln nicht der richtige Ausdruck ist. Das Dampfbügeleisen berührt den Stoff kaum, es schwebt eher über der Seide.

„Zweimal im Jahr entwerfen und präsentieren wir neue, umfangreiche Kollektionen unserer exklusiven Seidenartikel. Neben den Krawatten, Schleifen und Schals umfasst unser Angebot auch Pochettes und Einstecktücher aus Seide", sagt die gelernte Kauffrau und Modedesignerin. Dazu fährt sie jedes Mal selbst in die Druckereien und Webereien nach Norditalien. Gerade sind neue Stoffballen eingetroffen. „Hier, fühlen Sie mal die Seide", sagt sie und streicht mit den Fingern ganz leicht über den edlen Stoff.

← Jede Schleife und jede Krawatte wird streng kontrolliert.

↑ Der Name steht für „made in Germany".

↓ Verarbeitet wird nur edle Seide – nach eigenen Entwürfen.

Die Biere tragen Namen wie Mitschnagger, Blanker Hans, Roter Klinker oder Kohlentrimmer. Sie stehen für ein kräftiges Pils, ein hopfiges Weißbier und ein malziges Rotbier. Die kleine Craftbier-Brauerei Buddelship in Stellingen lässt keinen Zweifel daran, dass sie sich Hamburg eng verbunden fühlt. Dabei ist ihr Gründer und Betreiber Simon Siemsglüss weit in der Welt herumgekommen. In Montreal und London hat er Wirtschaft und Politik studiert. Bei Reisen in die USA lernte er dann die Craftbier-Szene kennen und wurde prompt vom Biervirus befallen, wie er sagt. Zurück in Deutschland besuchte der gebürtige Eppendorfer einen sechsmonatigen Braukurs in Berlin. Es folgten ein Praktikum bei Paulaner in München und ein achtmonatiger Aufenthalt für die Brauerei in China. Er leitete eine Gasthausbrauerei in London und machte seinen Master im Brauen und Whisky-Destillieren in Edinburgh. Dann zog es ihn zurück in seine alte Heimatstadt.

Seit 2014 braut Siemsglüss auf einer Zehn-Hektoliter-Anlage in einer ehemaligen Fischkonservenfabrik in Hamburg-Stellingen seine Buddelship-Biere. In den alten Hallen wird fleißig gemaischt, geläutert, gekocht und vergoren – obergärige Biere klassisch in offenen Gärbottichen und untergärige in zylindrokonischen Gärtanks. Im Kühlraum lagern die verschiedenen Biere in aller Ruhe aus, bis die gewünschte Qualität erreicht ist. Abgefüllt wird dann alles von Hand an der eigenen kleinen Abfüllstation. Zuletzt wird noch jede Flasche einzeln gestempelt und etikettiert.

Neben den vier Biersorten mit Heimatanklängen hat der Brauer vier internationale Spezialitäten wie Ale und Porter in seinem Rezeptbuch. Daneben experimentiert er ständig mit saisonalen Sorten. „Das Besondere an unseren Bieren ist, dass sie alle unfiltriert und unpasteurisiert sind. Deswegen ist das Bier auch nicht so lange haltbar, wie man es von Industriebieren gewohnt ist. Aber es soll ja auch nicht im Regal stehen, sondern getrunken werden. Und vor allem bleiben so der ganze Geschmack und nicht zuletzt auch die Nährstoffe im Bier."

Ein kritischer Blick:
Der Braumeister ist
zufrieden.

Simon Siemsglüss
experimentiert ständig
mit unterschiedlichen
Malzsorten.

Acht Biere hat der Brauer derzeit im Angebot. Dazu kommen saisonale Spezialitäten.

Die Namen der Biersorten sind Programm.

ALTONAER SILBER WERKSTATT

silberschmied Marcel Heinle erhitzt über einer Gasflamme einen Messergriff, bis sich die Klinge löst und brauner Klebstoff heraustropft. Bevor das Messer eine neue Klinge bekommt, bessert Heinle einen Riss am Griff aus. Er hält ein kleines Verstärkungsblech unter die schadhafte Stelle und verlötet beide Teile bei 600 Grad Celsius. Anschließend werden überstehende Reste des Silberblechs abgefeilt und der Messergriff mit Schwefelsäure gebeizt. Nun folgt der entscheidende Arbeitsschritt, bei dem der aufgearbeitete Griff und die neue Klinge zusammengefügt werden: die sogenannte „Hochzeit". Samet Cetinkaya spannt Klinge und Heft in einen speziellen Schraubstock – beide Teile müssen millimetergenau justiert werden. Dann füllt er Sand in das Heft, damit der Griff das richtige Gewicht bekommt, und gießt mit einer kleinen Kelle heißen Lötzinn hinterher. Mit einer blitzschnellen Bewegung presst er beide Teile zusammen. In wenigen Sekunden ist der Lötzinn

hart und – nachdem überstehende Lötzinnreste entfernt worden sind – das Messer wie neu.

In den Regalen der Altonaer Silber Werkstatt türmen sich alte Kannen, zerbeulte Schalen, abgebrochene Kerzenständer, angelaufene Pokale und kistenweise schadhafte Messer, Gabeln mit krummen Zinken und verbogene Löffel. Sie alle warten darauf, repariert und aufpoliert zu werden. „Silber

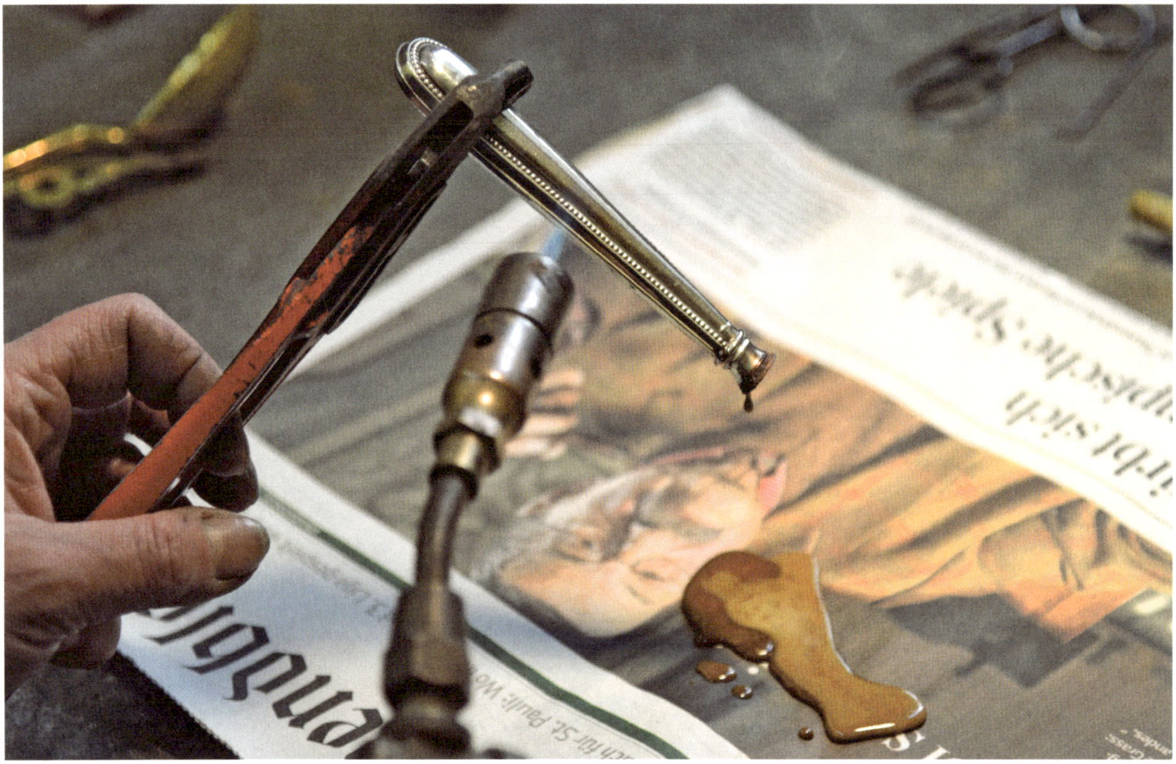

ist ein relativ weiches Metall. Schrammen und Riefen sind im Gebrauch kaum zu vermeiden", erklärt Galvaniseurmeisterin Maxi Hänsch. Eigentlich wollte sie nach dem Abitur einen ganz anderen Berufsweg einschlagen. „Ich habe Betriebswirtschaftslehre studiert, bis mich mein Vater eines Tages fragte, ob ich nicht bei ihm einsteigen möchte." Nach kurzer Bedenkzeit gab sie 2001 ihr Studium auf und ging zu ihm in die Lehre. Gegründet wurde der Betrieb 1887 als „Silber Specht". 1998 hat ihn Friedhelm, der Vater von Maxi Hänsch, übernommen. Seit seinem frühen Tod im Sommer 2010 führt Maxi Hänsch die Werkstatt.

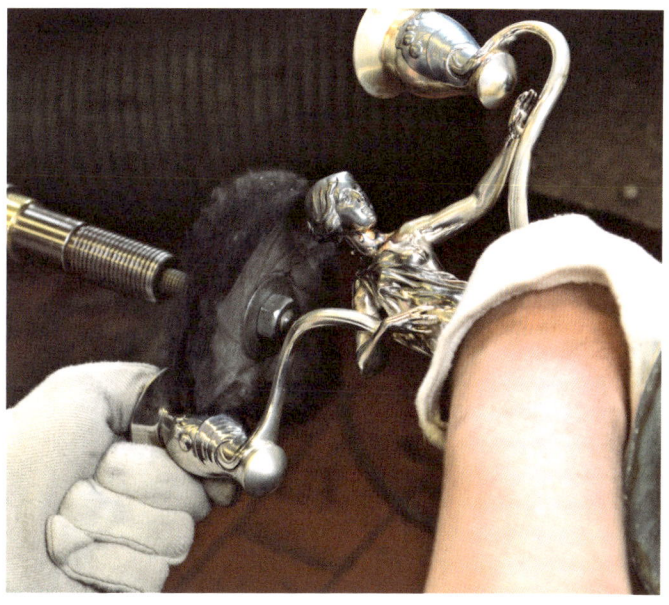

← *Nach dem Auskitten der alten Klinge wird flüssiges Zinn in das Messerheft gefüllt. Mit einer kurzen ruckartigen Bewegung eines Spezialschraubstocks wird die neue Klinge im Messerheft befestigt und überschüssiges Zinn entfernt.*

↑ *Nach der Ausbesserung wird ein Leuchter poliert.*

↓ *Besteck, das noch auf seine Aufarbeitung wartet*

GEIGENBAU SCHELLONG OSANN

Mit einem daumennagelgroßen Hobel bearbeitet Nikolaus Osann den Boden einer neu entstehenden Geige. Zwischendurch misst er immer wieder mit einer speziellen Lehre die Dicke des Holzes. Dann hobelt er weiter. Es geht um Zehntelmillimeter. „Die von uns selbst gefertigten Instrumente werden vollständig von Hand gebaut", stellt der Geigenbaumeister fest. „Das für den Klang sehr wichtige Deckenholz haben wir selber in Italien nach alten Handwerksregeln geschlagen." Zwölf Wochen dauert es in der Regel, bis in der Werkstatt von Nikolaus Osann und Ulrike Schellong ein neues Musikinstrument vollendet ist.

„Beim Bau von neuen Instrumenten versuchen wir, unsere Erfahrungen, die wir durch die Zusammenarbeit mit Musikern, durch Restaurierung und den Handel mit wertvollen Instrumenten gewinnen, gezielt umzusetzen", erklärt Schellong. „Über die Qualität eines Streichinstruments entscheiden aber letztlich Übung und Intuition des Geigenbauers", gesteht die Geigenbaumeisterin. Nach einer Lehre an der Mittenwalder Geigenbauschule Stuttgart hat sie in Kassel, Hamburg und Chicago ihre Gesellenzeit verbracht und dann in Hamburg die Meisterprüfung abgelegt. Nikolaus Osann hat nach einer Restauratorenausbildung eine Geigen-

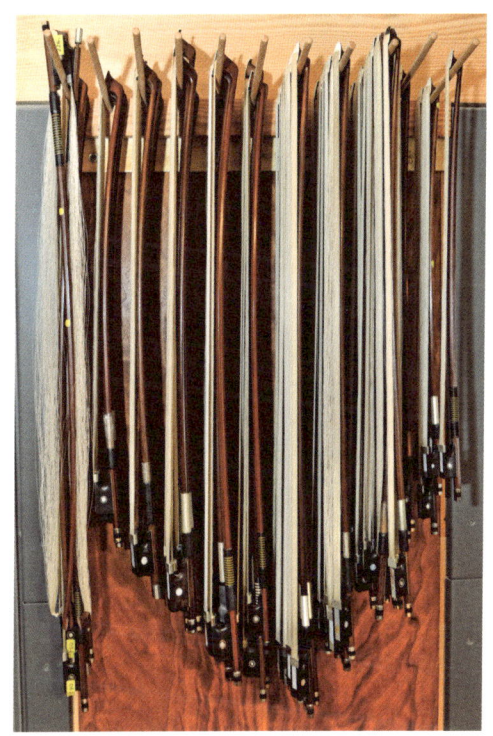

↑
*Bei der Prüfung
der Deckenstärke
geht es um Zehn-
telmillimeter.*

↓
*Das Stechen der Schneckenwindung
und das Ausarbeiten der Boden-
innenseite verlangen außerordent-
lich präzise Handarbeit.*

In der Werkstatt werden auch alte Geigen repariert. Bei der Ausbesserung des Lacks ist es wichtig, genau den richtigen Farbton zu treffen.

baulehre bei Christian Brosse in Borstorf absolviert und anschließend als Geselle in Wiesbaden und Chicago gearbeitet. Seit 1993 betreiben die beiden ihre Werkstatt, seit 2006 an der Parkallee.

Neben dem Neubau von Geigen widmen sich Osann und Schellong auch der Restauration alter Instrumente. Dabei gehen sie nach dem Grundsatz vor, so viel Originalsubstanz wie möglich zu erhalten. „Bestimmte Abnutzungsspuren gehören zur Geschichte des Instruments und sollten nicht entfernt werden", findet Schellong. Besonders stolz sind die Geigenbauer auf eine von ihnen hergestellte genaue Kopie der Ysaye Guarneri, des Hauptinstruments von Isaac Stern und Ysaye, die von einem Lübecker Konzertmeister gekauft wurde. Wegen der hervorragenden klanglichen Eigenschaften fertigen sie weiterhin Kopien nach diesem Modell an.

LEDER KLOCKMANN

Mit einer spitzen Ale, die sie durch das Leder bohrt, hält Brigitta Bunzel zwei Seiten eines Stadtkoffers zusammen. Dann führt sie mit viel Kraft die dicke Nadel durch die vorgebohrten Löcher und zieht kräftig an dem groben Garn. Am Tisch nebenan arbeitet eine Auszubildende über die Nähmaschine gebeugt derweil an einem Hamburger Beutel.

Stadtkoffer und Hamburger Beutel sind zwei von mehreren Eigenkreationen aus dem Hause Klockmann. Der Stadtkoffer geht auf den Gründer der Firma Ernst Klockmann zurück. Als der eines Tages vor der Stadtbäckerei am Gänsemarkt stand und sah, wie die Hausfrauen die eingekauften Backwaren umständlich in Tüten und Beutel verpackt nach Hause tragen mussten, kam ihm der Gedanke, einen kleinen Koffer für diese Zwecke zu schaffen. Gleich nachdem er in seine Firma zurückgekehrt war, erteilte er einen großen Auftrag auf Koffer in den Maßen 27 mal 45 Zentimeter. Dies war die Geburtsstunde des damals in ganz Deutschland bekannten und beliebten „Stadtkoffers". So erzählt es die Chronik des über 110 Jahre alten Unternehmens.

Nach einem noch erhaltenen Urmodell werden die Stadtkoffer heute wieder in Handarbeit gefertigt. Der Hamburger Beutel ist eine bei Kunden beliebte praktische Lederhandtasche, die in zehn verschiedenen Farben und zahlreichen individuellen Sonderausstattungen hergestellt wird. Handarbeit made by Klockmann ist auch der exklusive Golfbag aus Leder, Messing, Palisander und unsichtbaren High-Tech-Einlagen aus Fiberglas. Wer seine Hemden und Blusen knitterfrei und besonders stilvoll transportieren möchte, entscheidet sich für den Hemdenkoffer im Retro-Look. Individuelle Aktentaschen, Schreibmappen und andere Utensilien werden auf Kundenwunsch angefertigt.

Seit 2005 ist Gerd Leins Inhaber von Klockmann. Als Unternehmensberater hatte er damals mit dem von der Schließung bedrohten Unternehmen zu tun. Die Erhaltung und Fortführung des Hamburger Traditionsbetriebs machte er dann zu seiner persönlichen Sache und konnte dabei auf die ausgebildeten Täschner und langjährigen Mitarbeiter Brigitta Bunzel und Bijan Ahmadi bauen.

↑
Der Hamburger Stadtkoffer wird nach historischem Vorbild (siehe vorige Seite) mit festem Garn und dicker Nadel von Hand zusammengenäht.

← ↓
Täschnerin Brigitta Bunzel widmet sich jedem Koffer und jeder Tasche mit viel Sorgfalt und langjähriger Erfahrung.

↑
*Der Hamburger Beutel setzt
farbliche Akzente.*

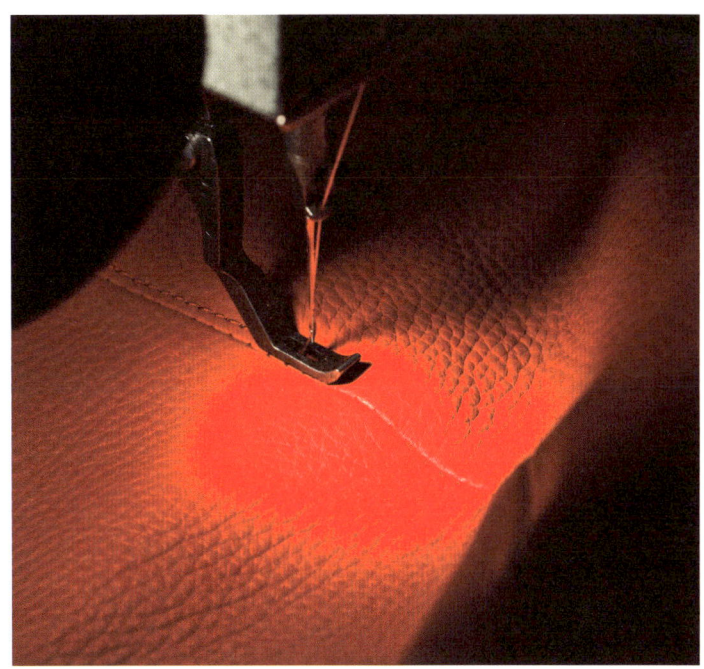

↓
*Für jedes Stück der
passende Verschluss*

Bettina Matthaei hat sich schon immer für Gewürze interessiert. Da war es für die Grafik-Designerin, die unter anderem die Knetmännchen aus der Sesamstraße erfunden hat, nur eine Frage der Zeit, bis sie über ihre große Leidenschaft ein dickes Buch verfasste. Die Frauenzeitschrift Brigitte, die bald auf die Publikation aufmerksam geworden war, wollte das Werk gern ihren Leserinnen präsentieren. Aber ein Buch über Gewürze ohne echte Düfte, das gehe gar nicht, meinte die Redaktion. Also entwickelte Bettina Matthaei ihre ersten Rezepturen, die sie exklusiv an Brigitte-Leserinnen verkaufte. Die Resonanz war so groß, dass aus der spontanen Idee bald ein respektabler Familienbetrieb entstand, in dem Tochter Katharina Wilck die Geschäftsführung übernommen hat. Die beiden Unternehmerinnen können mit ihrer 2003 gegründeten Manufaktur nicht nur auf einen Stamm von inzwischen über 5000 Privatkunden bauen, sie beliefern auch Delikatessgeschäfte und Sterneküchen.

„Virtuelles Kochen" nennt die mehrfach prämierte Kochbuchautorin den Prozess, wenn ihr zum Beispiel bei der morgendlichen Dusche eine Idee kommt, die wenig später in der Kü-

↑
Alle Gewürze werden erst kurz vor der Abfüllung gemahlen, damit ihr intensives Aroma nicht verloren geht.

↓
Der grüne luftgetrocknete Pfeffer aus Indien schmeckt herrlich krautig und weniger scharf als der bekannte schwarze.

← Bei der Zusammenstellung einer Gewürzmischung kommt es vor allem auf die Feinabstimmung der einzelnen Zutaten an.

→ Mischen, Abfüllen und Etikettieren: Alle Arbeitsschritte erfolgen in aufwendiger Handarbeit.

↓ Das Trio „Hamburg macht scharf" zählt zu den beliebtesten Produkten der Manufaktur.

che umgesetzt werden muss. Auf diesem Weg sind schon weit über einhundert Gewürzmischungen entstanden, von Klassikern wie Lammgewürz und Barbecue-Mix über mediterrane, asiatische und orientalische Kompositionen bis hin zu exotischen Dessert- und Kaffeegewürzen. Nach ausgiebigem Testkochen mit Familie und Freunden wandert die Rezeptur einer neuen Mischung in die Produktion, die man schon von Weitem erschnuppern kann. „Hier produzieren wir unsere Gewürzmischungen aus hochwertigen Rohgewürzen in kurzen Interval-

len immer wieder frisch, um das bestmögliche Aroma zu erzielen. Lange Lagerzeiten gibt es bei uns ebenso wenig wie Konservierungsstoffe, Glutamate oder Geschmacksverstärker."

Aus ihrem Wissen und ihren Erfahrungen machen Bettina Matthaei und Katharina Wilck kein Geheimnis. Im Gegenteil. In Seminaren vermitteln sie alles Wissenswerte von Anis bis Zitronenmelisse. „Es gibt kaum etwas Sinnlicheres als den Duft frisch gemahlener Gewürze", schwärmt die Genießerin.

CACTUS GLAS

W enn Helmut Wiederhold mit seiner dunklen Schutzbrille in die grelle Gasflamme blickt, könnte man ihn für einen Zauberer oder Magier halten. Und in der Tat: Unter der Hitze der Flamme wird das spröde Glasröhrchen in seinen Händen weich wie Butter, und es zieht sich wie Kaugummi. Durch permanentes Drehen, zwischenzeitliches Blasen und die Bearbeitung mit einem Graphitstab gewinnt das dünne Röhrchen an seinem Ende bald an Volumen. Überschüssiges Material wird einfach mit der Schere abgeschnitten. Mit einem über der Flamme erhitzten bunten Glasstab, dünn wie ein Spaghetto, werden farbliche Akzente

gesetzt. Die ersten Konturen eines Weinglases werden sichtbar.

Seit 1987 kreiert Helmut Wiederhold in seiner kleinen Glasbläserei an der Koppel Weingläser, Schnaps- und Likörgläser, Sekt- und Saftgläser, aber auch Kerzenhalter, Schalen und Weinkaraffen. Damals noch gemeinsam mit drei anderen Kunsthandwerkern. „Dem Spitznamen der einzigen Frau

↑
Helmut Wiederhold benutzt besonders gern widerstandsfähiges Borosilikatglas.

→
Der schmale Farbrand der Gläser ist ein Markenzeichen des Glasbläsers.

unter uns zu dieser Zeit verdankt die Glasbläserei übrigens ihren Namen", erklärt Wiederhold mit einem Lächeln. Die Gläser haben sich inzwischen zu schlichten, zeitlosen Kleinserien entwickelt, sparsam mit Farbe dekoriert, bei denen die Form im Vordergrund steht. Bei Trinkgläsern ist es dem Kunsthandwerker besonders wichtig, den Kunden hochwertiges Gebrauchsglas zum Nachbestellen zu präsentieren. Neben der eigenen Kollektion fertigt Wiederhold Gläser auch nach individuellen Wünschen an. Gern berät er dabei seine Kunden. Wer möchte, kann ihm auch bei der Arbeit zuschauen. „Manchmal kommen sogar ganze Schulklassen", berichtet er.

Für seine Arbeit verwendet Wiederhold Borosilikatglas, wie es besonders für Laborgeräte benutzt wird. „Das Glas hat eine gute Beständigkeit gegenüber Wasser und vielen Chemikalien, ist temperaturbeständig und spülmaschinenfest", beschreibt er die Vorteile des Materials. Gibt es doch einmal Scherben oder bricht ein Fuß ab – Wiederhold kann den Schaden meist reparieren.

Durch die heiße Gasflamme wird
das Glas weich wie Kaugummi.

←
Hohlräume werden durch Aus-
blasen des noch weichen Materials
geformt.

→
Ausarbeiten der letzten Feinheiten
mit dem Graphitstab

←
*Für jeden Geschmack ein
passender Griff*

↓
*Auch Knaufe, Zwingen und
andere Ersatzteile gibt es in
allen Variationen.*

Böse Zungen behaupten, in Hamburg regne es öfter als anderswo. Carola und Meike Vertein haben damit kein Problem. Sie kriegen gute Laune bei Regen. Denn sie haben die passenden Schirme für jedes Wetter und für fast jeden individuellen Kundenwunsch. Der von Mutter und Tochter in fünfter und sechster Generation geführte Betrieb ist der letzte seiner Art in Hamburg, der Schirme nach Maß anfertigt.

Das kleine, mit Schirmen und Spazierstöcken vollgestellte Ladengeschäft an der Rosenstraße dient gleichzeitig als Werkstatt. Wer will, kann die Herstellung seines künftigen Regenschutzes hautnah miterleben. Auf einem großen Tisch mitten im Verkaufsraum breitet Meike Verteil eine rot-grün karierte Stoffbahn aus. Mit der Schablone zeichnet sie mit flinken Bewegungen die Dreiecke ein, die sich später von Stange zu Stange spannen sollen. Mit der Kreismessermaschine werden die einzelnen Stücke ausgeschnitten, paarweise

zusammengenäht und am Rande gesäumt. Damit der aufgespannte Schirm einrastet, müssen Feder und Prellstift in den Stock eingesetzt werden. Nun werden die Stangen mithilfe von Draht am unteren Ende am Schieber und oben an der Krone befestigt. Der Stoff wird mit den Stangen vernäht und am Ende von Kugelspitzen gehalten. Fehlen bis auf kleine Beschlagteile noch die Platine, damit es zwischen Stock und Stoff nicht durchregnet, sowie

Auftrag
Reparatur
Tel.:
Kunde:
Art.
Schirm & Co
Rosenstraße 6 · 20095 Hamburg
Tel.: 040/32 1994
Preis

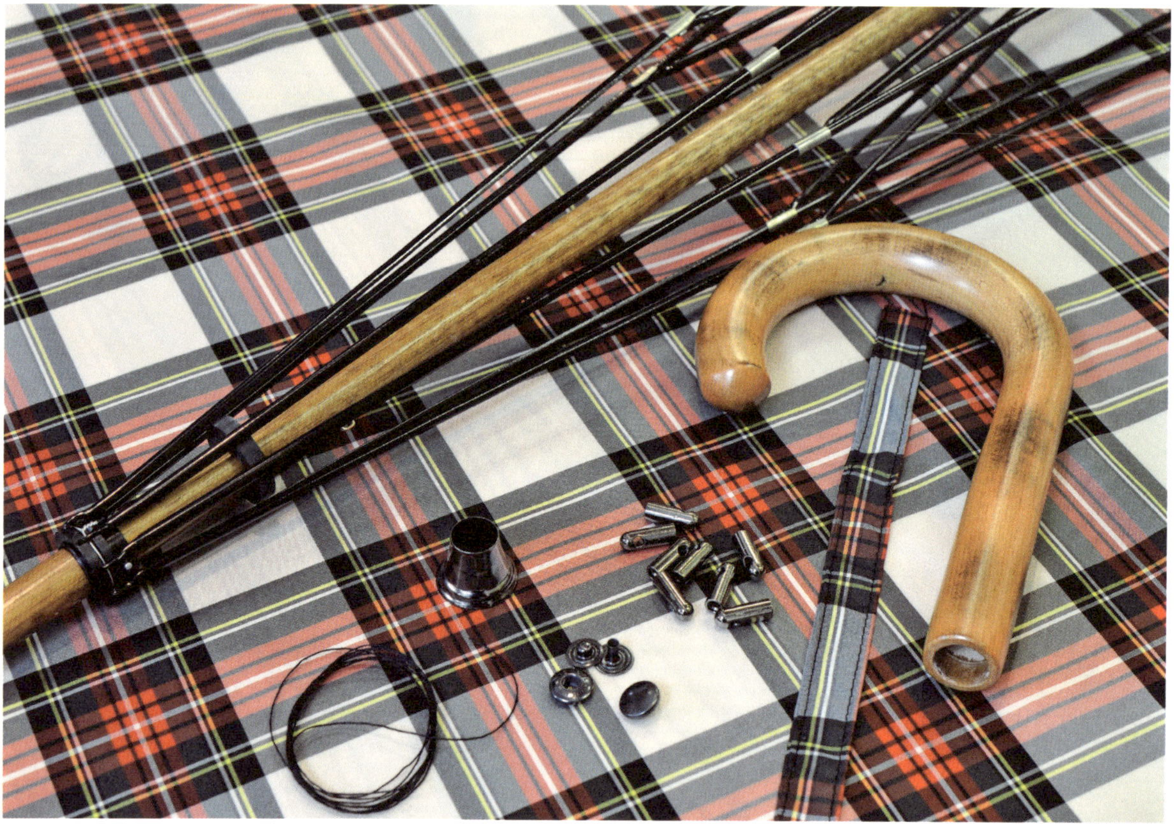

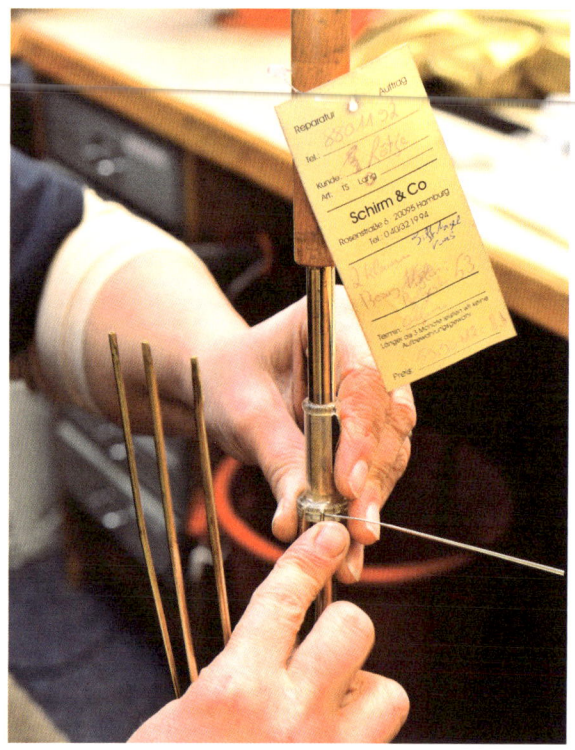

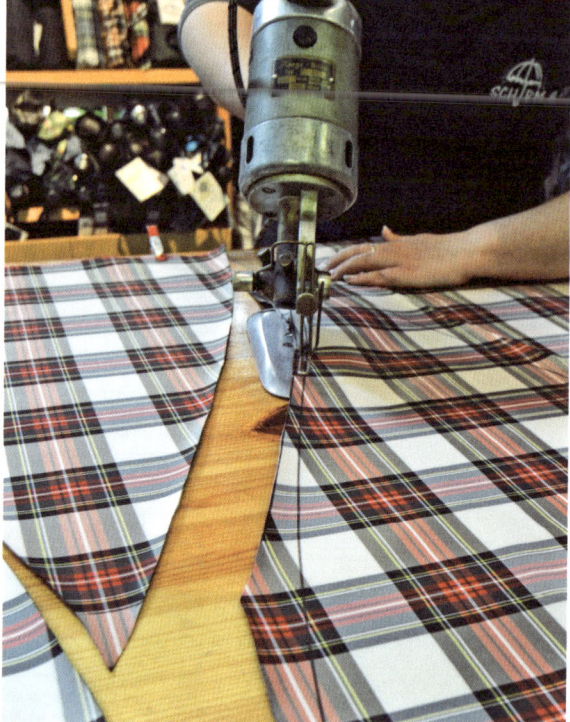

← *Ein Schirm in seinen Einzelteilen*

↙ *Neben der Maßanfertigung werden Schirme hier auch repariert.*

die Zwinge zum Schutz der Stockspitze. Die Krücke oder der Griff wird zum Schluss eingeklebt. Wie auch bei der Stocklänge, dem Schirmdurchmesser und dem Stoff kann man beim Griff unter zahlreichen Modellen wählen.

„Die Schirmlängen sollten sich nach der Körpergröße und Armlänge richten. Am besten ist eine fertige Schirmlänge an der Person gemessen, vom Handgelenk bis zum Boden. Der Arm ist dann beim Gehen leicht gewinkelt, die beste Höhe auch zum Stützen", erklärt Carola Vertein. Etwa vier Wochen dauert es, bis der Kunde sein ersehntes Stück in den Händen halten kann. Er wird es verschmerzen, wenn es in der Zwischenzeit nicht ständig regnet.

↗ *Die Kugelspitzen werden montiert.*

→ *Bei Schirmen ein Seltenheitswert: made in Germany*

Stephan Garbe liebt Portugal und guten Gin. Als ihm bei einem Besuch an der rauen Costa Vicentina im Südwesten Portugals der Duft der dort wild wachsenden Zistrose in die Nase wehte, war es um ihn geschehen. Er schmiss seinen ungeliebten Job als Werber hin und entschloss sich, seinen eigenen Gin zu destillieren. Am liebsten hätte er das in Portugal getan. Doch dort nervten ihn schnell die bürokratischen Hürden. Und so macht Stephan Garbe seit 2014 in Hamburg den einzigen Gin mit portugiesischem Ursprung.

Was Gin Sul zu einem echten Portugiesen macht, ist nicht nur sein Name, sondern sind vor allem die „Botanicals", also die Fruchtextrakte und Gewürze, die ihm seinen besonderen Charakter verleihen. Neben Wacholderbeeren, Koriander, Rosmarin, Piment, Lavendel, Zimt und Zistrose sind es vor allem die Schalen von Zitronen, die sich Garbe jeweils frisch von einem Bauern an der Algarve kommen lässt.

Ein Teil der Zutaten, vor allem der Wacholder, wird ein paar Tage vor der Destillation in der Brennblase mazeriert, also in einer alkoholischen Lösung eingeweicht. Der Rest der pflanzlichen Aromageber wird in den Geistkorb gehängt. „Bei der Destillation müssen alle Alkoholdämpfe durch einen Geistkorb hindurch. Behutsam, schonend und mit jeder Menge frischer Botanicals entsteht so ein Gin mit feinen Zitrusnoten und einem breiten Körper zugleich" erklärt Stephan Garbe. Die kupferne Brennblase der Destillieranlage fasst nur hundert Liter. „Das ist verglichen mit der Industrie eine eher homöopathische Füllmenge. Wir destillieren bewusst sehr langsam und in kleinen Durchgängen, um den Aromen Platz zur Entfaltung zu bieten."

Von Zeit zu Zeit veranstaltet die Spirituosen-Manufaktur auch Gin-Workshops im kleinen Rahmen mit einer Führung durch die Destillerie. „Letzteres dauert zugegebenermaßen nicht so lange, Ersteres meist schon. Denn hier wird nicht nur destilliert, sondern auch fabuliert über guten Gin, das passende Tonic oder die spektakulärste Bar."

↑
In der kupfernen Destillier-
blase werden die „Botanicals"
mazeriert.

←
Langsam und schonend wird
die Destillieranlage aufgeheizt.
Bei achtzig Grad Celsius beginnt
der Alkohol zu verdampfen.

↗
Für den Geistkorb schält Stephan
Garbe Zitronen aus Portugal.

→
Abgefüllt wird Gin Sul in alte
Weinkrüge und an die Gastro-
nomie in handgefertigten Holz-
kisten ausgeliefert.

W L
WITLOFT

DRY GIN
GIN SUL
SAUDADE
DISTILLED IN HAMBURG
GIN SUL
GIN SUL
GIN SUL

BIRKEFELD UND SOHN

Ulrich Birkefeld macht seit über fünfzig Jahren dieselbe Arbeit. Langweilig geworden ist ihm dabei bisher nicht. Er repariert Autos, vor allem englische. Anfang der 1960er Jahre hat er bei einer Jaguar-Werkstatt in Hamburg das Kfz-Handwerk gelernt. Später machte er seinen Meister bzw. Techniker und ist nun seit vierzig Jahren selbständig. Die Oldtimer-Typen, die heute in seiner Werkstatt in Schenefeld stehen, waren zu seiner Lehrzeit Neuwagen, sie haben ihn sein Leben lang begleitet und sind gemeinsam mit ihm älter geworden. Mit der Technik eines jeden Jaguar, Rolls Royce, Triumph, MG oder Aston Martin ist er daher bis auf die letzte Schraube vertraut.

„Das waren noch Autos", schwärmt der Oldtimer-Fan und streicht über den Kotflügel eines knallroten Jaguar E. „Nirgendwo Kunststoff, alles noch aus echtem Leder, Holz und Filz. Der ist aus der Serie 3, die letzten, die damals gebaut wurden. Zwölf Zylinder, 5,3 Liter Hubraum und 260 PS." Ältere Zeitgenossen, die in ihrer Jugendzeit Autoquartett gespielt haben, können die Daten heute

↑
Ein komplett neu aufgebauter Porsche Speedster

↓
Ulrich Birkefeld ist mit Jaguars groß geworden.

← Der legendäre Zwölfzylinder-
motor des Jaguar E

↓ → Ulrich Birkefeld kennt
jede Schraube der englischen
Klassiker.

↘ Die Werkstatt sieht fast aus
wie ein Museum. Entsprechend
kostbar sind die Ausstellungs-
stücke.

noch im Schlaf aufsagen. Ulrich Birkefeld hat die Doppelauspuffanlage des Wagens gewechselt und prüft jetzt die Lichtmaschine.

Mit den edlen Karossen, die auf der Hebebühne aufgebockt sind oder an der Wand aufgereiht stehen, gleicht die Halle eher einem Museum als einer Werkstatt – mit Exponaten so wertvoll wie kleine Vermögen. „Das hier ist ein Jaguar XK 120", sagt der Meister und deutet auf ein silberfarbenes, rundum restauriertes Cabrio. „Dafür muss man um die 180 000 Euro auf den Tisch legen." Sein teuerstes Stück ist ein 1967er Aston Martin DB6, das Nachfolgemodell, mit dem Sean Connery als James Bond einst seine Gegner austrickste. Birkefeld schätzt den Wert auf etwa 400 000 Euro – wenn er fertig ist. Das ist kaum zu glauben, denn noch sieht das Gefährt eher aus wie ein Schrotthaufen. „Viele Kunden kaufen sich Oldtimer inzwischen als Kapitalanlage", weiß Birkefeld. „Die Rendite liegt bei sechs bis sieben Prozent." Allerdings sollte man das gute Stück dann besser nicht bewegen, sondern in einer gut temperierten Garage stehen lassen.

CONFISERIE PAULSEN

Susanna Maier vermengt weiche Schokolade und Butter in einem Rührwerk, prüft von Zeit zu Zeit mit kritischem Blick die Konsistenz, bis die Masse die gewünschte Geschmeidigkeit erreicht hat. Mit einem Spritzbeutel drückt sie mit geübter Hand immer gleich große braune Tupfer nebeneinander auf ein Blech. Die braunen Kugeln taucht die gelernte Bäckerin und Konditorin nun in flüssige Kuvertüre. Einige wälzt sie anschließend über ein Drahtgitter. Durch das „Igeln" erhalten die Buttertrüffel ihre typische zackige Oberfläche. Andere Trüffel werden mit dünnen Streifen weißer Schokolade verziert. Dazu formt Susanna Maier aus einem Stück Pergamentpapier eine Tüte mit einer winzigen Öffnung, aus der sie die dickflüssige Masse presst und damit filigrane Muster erzeugt.

Die Confiserie Paulsen gehört zu den ganz alten Manufakturen ihrer Zunft. Sie wurde 1928 von Wolfgang Paulsen in Hamburg gegründet und im Jahr 1998 an Kurt Biebl verkauft. Seit 2009 führt dieser den Betrieb gemeinsam mit seinem Sohn Daniel. Während sich der Vater um den Verkauf kümmert, sorgt der Sohn für den reibungslosen Ablauf der Produktion. Das Programm reicht von feinen Trüffeln über handgeschöpfte Edelbitterschokoladen mit Zedernnüssen, Cranberries, Chili und Meersalz, Ingwer als Blätter, Brocken oder Stäbchen bis zu vielleicht zunächst befremdlich anmutenden Kreationen wie „Scheiße by Schamoni" oder „Merde Royal". Analog zu einer gleichnamigen Schmuckkollektion des Hamburger Künstlers hat Daniel Biebl gemeinsam mit Schamoni das Thema in Schokolade gegossen. Die Trüffel tragen Namen wie Braunes Gold, Der herbe Brocken, Rocko's Schwanensee, Hamburger Pfiff und Die braune Elbphilharmonie. Zum Teil sind sie mit 22 Karat Blattgold überzogen.

Wer tiefer in die Welt des edlen Naschwerks einsteigen möchte, dem bietet Paulsen in Seminaren einen Einblick in die Kunst der Pralinenherstellung. Hier lernt man Schokolade zu temperieren, Füllungen vorzubereiten, Trüffel fachmännisch zu igeln und mit dem Spritzbeutel umzugehen. „Dabei kommt natürlich das Naschen nicht zu kurz", versichert Biebl.

Im Rührwerk entsteht die Roh-
masse für Buttertrüffel.

→

Die Masse muss so weich sein,
dass sie mit dem Spritzbeutel
geformt werden kann. An-
schließend werden die Trüffel
in Schokolade getunkt und
nach dem Trocknen mit weißer
Schokolade verziert.

KLEINE LETTERNPRESSE

Achim Wittrins Augen leuchten: „Alle meine Maschinen funktionieren noch ohne Strom. Sie werden nur mit reiner Muskelkraft bewegt", sagt er stolz. Seine Maschinen, das sind Drucktiegel, deren ältestes Exemplar aus dem Jahr 1890 stammt. Beim Betätigen der Hebel und Drehen der schweren Eisenräder geben sie satte metallische Laute von sich. Außerdem ist die schwarze Kunst hier auch noch zu riechen. Der gelernte Schriftsetzer und Drucker atmet tief ein und schwärmt: „Ich liebe den Geruch von Druckfarben."

Mit einer Pinzette sammelt Wittrin Bleilettern in einem Winkelhaken und setzt daraus den Namen für eine Visitenkarte zusammen. Die Druckform mit dem kompletten Text befestigt er in der Presse, während er mit der rotierenden Rolle die Farbe gleichmäßig auf dem Tiegel verteilt. Ein kräftiger Zug am Hebel, ein kritischer Blick nach dem Öffnen der Presse: Wittrin wiegt den Kopf, mit dem Ergebnis ist er zufrieden.

↑
In den Steckschriftkästen bewahrt Achim Wittrin noch echte Bleilettern.

→
Druckformen für eine Mater, die ausgegossen wird, um Gummistempel herzustellen.

→ Alle Maschinen in der Werkstatt, wie auch dieser Trettiegel, arbeiten ohne Strom. Sie werden ausschließlich von Hand oder Fuß bedient.

↘ Handwalzen zum Einfärben von Plakatbuchstaben

↑ Im Winkelhaken werden die Buchstaben spiegelverkehrt zusammengesetzt und auf Satzbreite gebracht.

↓ Die Walzen werden auf dem Teller so lange hin und her bewegt, bis die Druckfarbe gleichmäßig verteilt ist und auf das Papier übertragen werden kann.

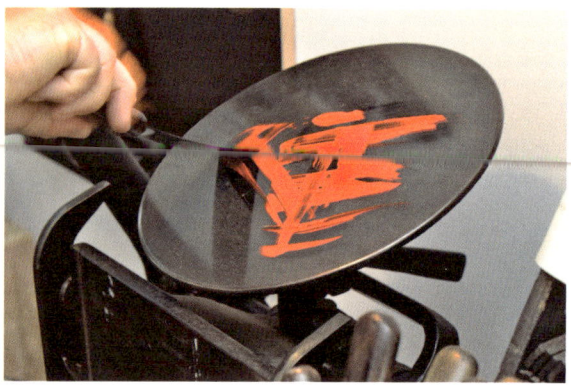

„Tiegeldruckpressen sind Handpressen oder Druckmaschinen, die für den Hochdruck konzipiert sind und nach dem Druckprinzip Fläche gegen Fläche arbeiten", erklärt der Experte, während er die nächste Karte einspannt. Sein Wissen und seine Erfahrung, die er in 52 Berufsjahren gesammelt hat, gibt er heute auch in Seminaren und Workshops weiter.

Ein paar Häuser weiter betreibt Wittrin zwar auch eine kleine moderne Offsetdruckerei, die sich auf Hochzeitskarten spezialisiert hat. Seine Leidenschaft gilt aber der rein mechanischen Technik in seiner kleinen Letternpresse. Ganz ohne Computer und Internet kann er zwar auch nicht leben, für einen Fortschritt hält er die digitale Welt aber nicht unbedingt. Seine Druckerzeugnisse kennzeichnet er denn auch mit dem spöttischen Vermerk: „Abhörsichere Printprodukte". Und in seinem Schaufenster dreht sich eine hölzerne Kamera-Attrappe mit der Aufschrift: „Dieser Betrieb wird nicht videoüberwacht".

Neben exklusiven Visitenkarten und Grußkarten auf außergewöhnlichen Papieren bedruckt Achim Wittrin auch Plakate, Stofftaschen, Postkarten aus Holz und T-Shirts. Sein jüngstes Produkt ist ein Jutebeutel mit dem Aufdruck: „Nur das Ziel ist im Weg".

MÖBELWERKSTATT RAGNA GUTSCHOW

Mit dicken Ohrenschützern steht Ragna Gutschow an der Kreissäge. Langsam schiebt sie ein rauhes Brett an der Führungsschiene entlang. Späne fliegen. Mit einem kreischenden Sirren frisst sich das Sägeblatt durch das Holz. Um ihre Designerstücke entstehen zu lassen, sind zunächst einmal grobe Arbeiten erforderlich. „Meine Möbel entwerfe ich im Sinne des traditionellen Handwerks im modernen Design. Ich möchte Möbel bauen, die sich durch ästhetische Schlichtheit und Geradlinigkeit auszeichnen", erklärt Ragna Gutschow. Wichtig ist ihr dabei, dass Form und Funktion eine Einheit bilden. „Meine Möbel sollen sich im täglichen Gebrauch bewähren." Ihre Ideen entwickelt die Möbeltischlerin, die seit 1987 ihre eigene Werkstatt betreibt, meist gemeinsam mit

ihren Kunden. „Der Wunsch des Kunden sowie die Räumlichkeit, in der das Möbel stehen soll, beeinflussen wesentlich den Entwurf." Zur besseren Veranschaulichung stellt sie zunächst ein Modell im Maßstab 1:5 her. „So bekommt der Kunde eine konkrete Vorstellung, und man kann auch noch Veränderungen vornehmen", begründet sie das Verfahren. Eine Besonderheit vieler ihrer Würfelschränke besteht darin, dass sie auf drei Seiten Fächer und Schubladen haben. Für ihre Schränke, Schreibtische und Stehpulte verwendet die Tischlerin gern Birnbaum und Ahorn. Die Oberflächen werden nicht lackiert, sondern geölt oder geseift. Inspiriert von ihren Kunden, entstehen manchmal auch ungewöhnliche Kreationen wie eine Zuckerdose aus Palisander und Rosenholz. Auf einen besonderen Kundenwunsch geht auch der Schuhputzkasten aus Birnbaum zurück, der sich an historischen Vorbildern orientiert.

Viele ihrer Entwürfe hat Ragna Gutschow in Ausstellungen präsentiert. Das Museum für Kunst und Gewerbe in Hamburg und das schleswig-holsteinische Landesmuseum Schloss Gottorf haben Möbel von ihr angekauft. Andere Stücke sind mit Förderpreisen der Künstlerinnenorganisation Gedok und der Justus Brinckmann Gesellschaft im Museum für Kunst und Gewerbe ausgezeichnet worden.

↖

Grobe Späne und kreischende Säge: In der Werkstatt geht es oft ziemlich laut und staubig zu.

↑

Meist fertigt Ragna Gutschow von ihren Möbeln zunächst Modelle im Maßstab 1:5 oder 1:10 an, damit ihre Kunden eine genauere Vorstellung bekommen.

→

Dieser Schuhputzkasten ist aus der Idee eines Kunden entstanden.

RESTAURIERUNGSATELIER JANA ZARLUNG

Konzentriert blickt Jana Zarlung durch das Stereomikroskop. Vor ihr auf dem Tisch liegt ein kleines Madonnenbild. In der einen Hand hält sie einen winzigen Spatel, in der anderen ein Wattestäbchen. Ganz vorsichtig entfernt sie lockere Farbreste auf der Oberfläche der Leinwand. Jana Zarlung ist Diplom-Restauratorin. Sie versetzt alte Kunstwerke, auf denen die Zeit ihre Spuren hinterlassen hat, so weit wie möglich wieder in ihren Originalzustand. Auch zeitgenössische Kunst, die beispielsweise bei einem Transport zu Schaden gekommen ist, bringen Kunden in ihr Atelier in Winterhude.

Schon früh hat sich die gebürtige St. Petersburgerin für Kunst interessiert. Bereits mit elf Jahren wurde sie in das Akademische Kunstlyzeum ihrer Heimatstadt aufgenommen. Im Alter von 17 Jahren erhielt sie ein Stipendium an der Russischen Akademie der Künste in St. Petersburg. Dort restaurierte sie sechs Jahre lang neben Gemälden vor allem Ikonen. Sie hätte eine Festanstellung in einem Museum der russischen Stadt bekommen können. „Der Betreuer meiner Diplomarbeit, der damalige Leiter der Restaurierungswerkstatt der Eremitage, empfahl mich im Haus." Doch Jana Zarlung zog es der Liebe wegen 2003 nach Deutschland.

2004 hat sie sich selbständig gemacht, seit 2011 lebt sie in Hamburg. Zu ihren Auftraggebern zählen sowohl Museen, Kirchen und Galerien als auch private Sammler und Kunstliebhaber.

Ihr buchstäblich größter Auftrag ist derzeit die Wiederherstellung eines über zwei Meter hohen Bildes aus der Kirche St. Jacobi, das Christi Himmelfahrt darstellt. An zahlreichen Stellen ist die Farbe verblasst oder abgebröckelt. Wenn Jana

Zarlung mit der Kopflupe ganz dicht an das Bild herangeht, um an Details zu arbeiten, muss sie ab und zu ein oder zwei Schritte zurücktreten, um das Ergebnis zu überprüfen. Am liebsten verwendet sie bei dieser filigranen Arbeit Aquarellfarben. „Die lassen sich ganz dünn auftragen und auch leicht wieder entfernen." Mit einer Firnissschicht werden sie zum Schluss konserviert und haltbar gemacht.

← Ein größerer Auftrag: die Restauration einer Darstellung Christi Himmelfahrt aus der Kirche St. Jacobi.

↑ →

Manche Vorlagen sind so winzig, dass die Restauratorin ein Stereomikroskop zu Hilfe nehmen muss. Diesem Madonnenbild rückt sie mit Wattestäbchen und Spatel zu Leibe.

TATTOO-STUDIO GÖTZ

Das Tatoo-Studio von Ernst Günter Götz am Hamburger Berg erinnert ein wenig an eine Arztpraxis. Im Wartebereich sitzen Kunden, trinken Kaffee, blättern in Magazinen und warten geduldig, bis sie an der Reihe sind. Auch wenn Götz oder jemand aus seinem Team auf den Behandlungsstuhl bittet, ändert sich an dem Eindruck wenig. Mit spitzen Nadeln traktiert er die Haut seiner Kunden. Doch statt des sterilen Weiß einer Arztpraxis dominiert die Farbe Schwarz. Die Tapeten sind übersät mit bunten Motiven, die man sich in die Haut stechen lassen kann. Die Stimmung ist entspannt, man kennt sich, plaudert und erträgt den Schmerz und das helle Sirren der Tätowiermaschinen mit Fassung. Die meisten Kunden sind nicht zum ersten Mal da, wie man an ihrem Körperschmuck erkennen kann. Größere Arbeiten erfordern mehrere Sitzungen. Gerade lässt Götz, der schon als Kind gerne gezeichnet hat, auf einem männlichen Oberarm um die Masten einer alten Kogge ein paar Wolken und Möwen entstehen. „Wir können Euch alles tätowieren, was Ihr

Euch vorstellen könnt. Wenn wir allerdings etwas für nicht sinnvoll halten, werden wir es Euch nicht vorenthalten", sagt Götz.

„Zu uns kommen Menschen jeden Alters und aus allen Schichten und Berufen." Auch Priester, Richter und Ärzte seien darunter. „Frauen und Männer halten sich in etwa die Waage. Tatoos haben schon lange ihre Anrüchigkeit verloren." Glaubt man der mündlichen Überlieferung, wurden in den Anfangsjahren recht unseriöse Geschäftspraktiken angewendet. Koberer brachten betrunkene Seeleute und überredeten sie zum Tätowieren. Während die Arbeit ausgeführt wurde, leerte nebenan jemand die Taschen des Seemanns. So ist es in der Chronik nachzulesen. Das ist aber schon lange her. Denn zum ersten Mal angemeldet wurde das älteste Tätowiergeschäft Deutschlands am 1. Februar 1946 von Paul Holzhaus. Seit 1984 führt Ernst Günter Götz das Geschäft. Ein vergilbtes in Frakturschrift verfasstes Empfehlungsschreiben seines Vorgängers Herbert Hoffmann ziert unübersehbar eine Wand des Studios.

Die Wände sind übersät mit Motiven. Die meisten dienen der Dekoration, gestochen werden sie in der Regel nicht mehr.

Sozusagen der Meister-brief: das Empfehlungs-schreiben des Vorgän-gers Herbert Hoffmann

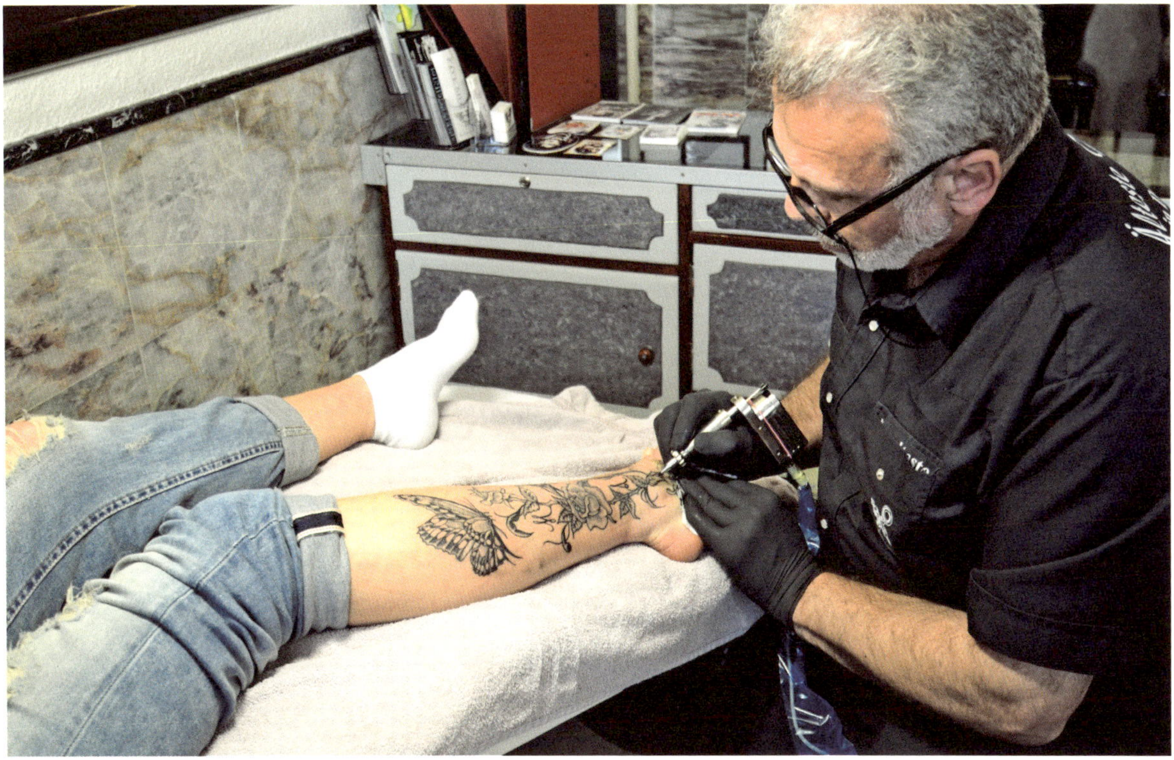

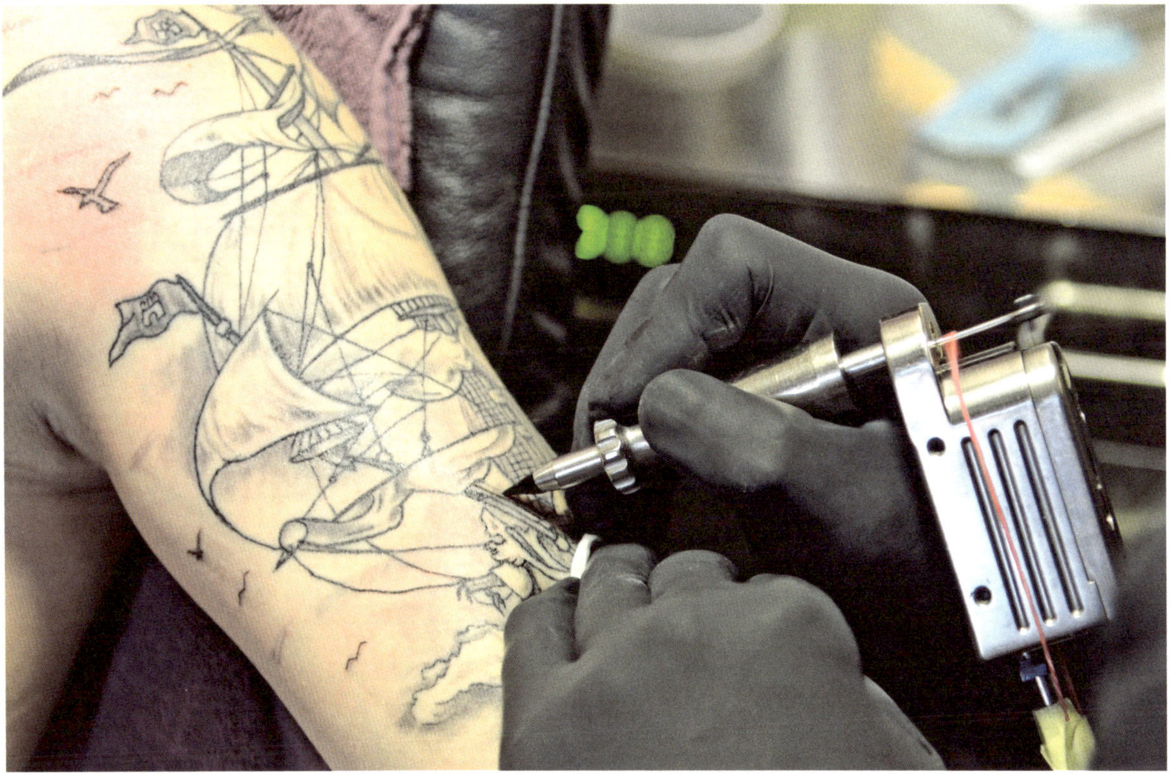

OTTO HATJE ZIGARREN

Schwerer Zigarrenduft hängt unter der Decke. Stefan Appel sitzt am Wickelbock und taucht ein großes feinädriges Tabakdeckblatt mit einer Sprühflasche in eine Wolke aus feuchtem Wassernebel. „Damit es schön geschmeidig wird", sagt er, ohne dabei seinen dampfenden Zigarrenstummel aus dem Mundwinkel zu nehmen. Zuvor hat er aus Einlage und Umblatt den sogenannten Wickel geformt. Er schneidet mit einem Messer das Deckblatt auf die passende Größe, und nach ein paar routinierten Bewegungen kommt das perfekt gedrehte Exemplar einer Zigarre zum Vorschein. Diese muss nur noch auf die passende Länge zugeschnitten werden, und fertig ist das gute Stück.

Vor allem aus Brasil- und Sumatratabak dreht Appel als einer der beiden letzten Aktiven seiner Zunft in Hamburg sogenannte Shortfiller. „Das sind Zigarren, in die relativ klein geschnittene Blätter eingerollt werden. Die ziehen leichter", erklärt der Experte. In den Auslagen finden sich kurze und lange, dicke und dünne, helle und dunkle. Ganz hamburgisch heißen sie Blankeneser, Fofftein, Altonaer oder Elbe I. Der Wickelbock, auf dem das Rauchwerk von Hand gefertigt wird, steht vorn im Schaufenster, sodass man dem Meister von der Straße aus bei der Arbeit zusehen kann. Neben den Eigenmarken führt Appel auch Importware, darunter edle Zigarren aus den unter Kennern besonders geschätzten Tabakanbaugebieten Kuba, Nicaragua, Honduras und der Dominikanischen Republik.

Das kleine Geschäft an der Alten Königstraße, unweit vom Altonaer Rathaus, wurde 1922 von Otto Hatje gegründet. Stefan Appel hat es 1991 übernommen und das Angebot nach und nach erweitert. Neben den Regalen mit Zigarrenkisten stehen ein paar dekorative Holzfässchen mit verschiedenen Rum-, Sherry- und Whiskysorten. „Zigarren harmonieren sehr gut mit diesen Spirituosen", findet Stefan Appel. Für seine Kunden füllt er sie gern lose ab. Man kann seine Zigarren aber auch – mit oder ohne Begleitung von Wein und Bränden – in der im hinteren Teil des Ladens eingerichteten Raucherlounge in aller Ruhe genießen.

Immer mit der Ruhe und einer guten Zigarre: Schritt für Schritt entsteht bei Stephan Appel handgefertigtes Rauchwerk.

Die Eigenmarken des Zigarrenmachers lassen keinen Zweifel über ihre Herkunft.

Adressen

Über den Autor

Mathias Thurm lebt als freier Fotograf und Journalist in Hamburg. Im Junius Verlag veröffentlichte er zuletzt das Buch *Schöne Geschäfte*. Bei seinen Recherchen zu *Hamburg handmade* entdeckte er viele ihm bislang unbekannte Seiten der Stadt und ihrer Arbeitswelt. So weiß er jetzt, was ein Trilby ist, hat beobachtet, wie eine Zugfeder in das Federhaus eingewindet wird, und kann zwischen Schuss- und Kettfäden unterscheiden.

Junius Verlag GmbH
Stresemannstraße 375
22761 Hamburg
www.junius-verlag.de

Text und Fotografie:
Mathias Thurm, Hamburg

Design, Layout und Satz:
Benjamin Wolbergs, Berlin

Druck und Bindung:
Grafisches Centrum Cuno GmbH & Co. KG

Printed in Germany
1. Auflage 2015
ISBN 978-3-88506-099-4

Bibliografische Information der Deutschen
Nationalbibliothek: Die Deutsche Nationalbibliothek
verzeichnet diese Publikation in der Deutschen
Nationalbibliografie; detaillierte bibliografische Daten
sind im Internet über http://dnb.d-nb.de abrufbar.